社会をよくする投資入門

Social
Good
Investment

経済的リターンと
社会的インパクトの両立

鎌倉投信 代表取締役社長
鎌田恭幸

NEWS PICKS
PUBLISHING

はじめに

「『社会をよくする投資』なんて、きっと儲《もう》からないんだろう」

「自分の老後も不安なのに、『社会』なんて優先できない」

僕たちはいつも忙しく、自分のことで精一杯だ。

どうすれば投資で儲かるか、手っ取り早く知りたい。

「とりあえず米国株式なら増えそうだ」

「インデックス投資はパフォーマンスがいい。手数料も安くてよさそうだ」

「これからはＡＩ関連の銘柄が伸びそうだ」

勉強熱心なあなたはこのように情報を集めて、面倒な証券口座の開設手続きをし、投資の世界に足を踏み入れたかもしれない。

「ＮＩＳＡ《ニーサ》をはじめたいけれど、何から調べればいいかわからない」という方もいるだろう。

「そもそも投資をすると、なぜお金が増えるのか」

「投資したお金はどこにいくのか」

わざわざ、こんな疑問を抱く人はきっとほとんどいない。

投資といえば、「いかにリターンを高く、安心できて、コストは安くできるか」、これしか考えることはなかったはずだ。

当たり前だ。投資の世界はずっとそうやって回ってきたのだから。

でも、あなたが投資によって、将来見たいものは、お金「だけ」を手にしたあなたの姿なのだろうか？

「社会」という言葉に何かを感じてこの本を手にとってくれたあなたであれば、仕事なら「やりたいこと」や働く意味を、買い物ならブランドに込められたメッセージや自分なりのこだわりを持って、選択を積み重ねているのではないだろうか。

僕は、投資のモノサシがいまだにお金だけであることに、違和感を抱いている。

投資にお金が増えること「だけ」を期待した結果、社会のあちこちに歪《ゆが》みが生じてきた。数字しか見ない投資の先に、いい未来はあるのだろうか？

お金を増やすことと、「社会をよくする」ことは両立する。だからと言って、あなたの全財産を「社会のため」に回すべきだと伝えたいわけではない。1％でも10％でも、十分だ。僕はこの本を入り口に、なかなか考えるきっかけのない「投資のその先」を少しだけ考えてみてもらいたくて、筆をとった。

99・7％のお客様の運用益がプラスになった投資の秘訣

コロナショック後の2021年3月末。僕ら鎌倉投信のお客様の資産状況は、99・

7％がプラスとなり、全金融機関のなかでもその水準は極めて高かった。

その時点でファンドの価格を示す基準価額は、運用を開始して以降で最も高い水準にあった。これまでで最高水準ということは、本来なら100％のお客様がすべてプラスの損益であってもおかしくない。それにもかかわらず、なぜ0・3％のお客様は、運用損益率がマイナスになったのだろうか。

調べたところその0・3％のお客様は、チャイナショック（2015年夏）、米中貿易摩擦（2018年夏）、コロナショック（2020年春）など、株式市場が一時的に下落する局面で、保有している資産の多くを解約（売却）して損を確定してしまい、その後の戻り局面で資産価値を高めることができなかった方だった。しかも、投資を開始してからわずか2年程度の短期間で売却していたのだ。株価が値下がりしたときに不安を感じ、「さらに値下がりするのではないか」という不安を感じたのかもしれない。

投資で成功するためには、仕事や勉強、スポーツで成果をだすのと同じで「継続する力」が大切だ。しかし金融市場は意地悪で、急落して投資家を恐怖に陥れたり、そうかと思うと値上がりして儲けることへの欲望を駆り立てたりする。そうした**金融市場のささやきに動じない自分なりの「投資観」、周囲に流されない自分らしさを持つ人は、長期の投資につながり、成功の可能性も高まる。**

「預金残高４４４円」の創業期

投資の仕事についてあっという間に35年の月日が経った。

１万人を超える人と、お金や投資について対話を重ねてきた。これまでのお客様は、一度に数千億円のお金を動かす年金基金などのプロと言われる投資家から、少額からコツコツと資産形成に取り組む個人投資家まで幅広い。現役で投資の最前線に立つ者としては、最も長い経験を持つ一人になった。

僕は、２００８年に外資系金融の日本法人副社長を辞め、鎌倉《かまくら》投信《とうしん》という資産運用会社を設立した。２０１０年3月には、日本の「いい会社」に厳選投資をする公募型の投資信託「結い２１０１(ゆいにいいちぜろいち)」の運用をはじめた。

当初預かったお客様の運用利回り（リターン）は、約１２０％成長（年平均約６％）と安定した成果を収めている。

リターンだけ見れば他に高い成果を収める投資信託も多いが、鎌倉投信は安定した運用が評価され、格付投資情報センター主催のファンド大賞*に過去３回選ばれている。第三者の客観的な立場から、純粋に運用実績のみで優れたファンドを選定することで、業界でも広く認知されているアワードだ。**「社会をよくする投資」と「お客様のお金を増やすこと」が両立することの証《あかし》となった。**

２０２３年末時点では、２万人以上にお金を預けていただいており、「投信ブロガーが選ぶ！ Fund《ファンド》 of《オブ》 the《ザ》 Year《イヤー》」には、運用開始以来14年連続でランクインしている。

鎌倉投信を設立した２００８年11月はリーマンショックの直後、世界の金融経済が大混乱するまっただなかだった。２００８年９月に起きた米国の大手投資銀行リーマ

＊・Ｒ＆Ｉファンド大賞２０１３　最優秀ファンド賞（投資信託／国内株式部門）受賞
・Ｒ＆Ｉファンド大賞２０１４　優秀ファンド賞（投資信託／国内株式部門）優秀ファンド賞（ＮＩＳＡ／国内株式部門）受賞
・Ｒ＆Ｉファンド大賞２０１９　最優秀ファンド賞（ＮＩＳＡ／国内株式部門）受賞

ン・ブラザーズの経営破綻《はたん》によって、お金を増やすことだけを目的にする投資マネーがふくらむことが、いかに金融機能を脆弱《ぜいじゃく》なものにするかを露《あら》わにした象徴的な年だ。

その根本は、お金を「ただ増やすこと」に対する人の欲望に他ならない。

リーマンショックから、鎌倉投信の設立まで約2ヶ月。当時、リーマンショックを予見していたのか、とよく質問された。もちろん僕にそれを予見する力などない。ただ、金融市場がお金がお金を生む強欲性をはらんでいることに対して、どことなく心がざわついていたのは事実だ。

設立当時、世間の反応は冷ややかだった。いまでこそ日本の株式市場は最高値を更新したものの、当時、世界のなかでも最もパフォーマンスが悪い投資対象が日本株だった。しかも僕らは「いい会社を応援する」「投資家の資産形成と社会の持続的発展を両立する」などと銘打っていた。

「きれいごとでは運用成果など出せるわけがない」「人のお金を使って社会実験するな」と批判を受けたものだ。

そうした言葉は、逆に僕の心を強くした。世の中の常識、社会の常識から新しい価値は生まれないからだ。これは、すべての仕事に通じる。

しかし、こうして高い志をもって創業したものの、蓋《ふた》を開けてみたら予想以上に大変だった。創業してしばらくは、年度の売上が数百万円、経費が1億円という状況が続き、やればやるほど赤字がふくらんでいった。僕の預金残高は444円になっていた。

経営として成り立つのだろうか、とずいぶんと悩んだ。そんな僕の気持ちを支えてくれたのが、鎌倉投信の事業の価値を理解し、応援してくれた「結い2101」の投資家であるお客様であり、鎌倉投信の株主だった。

鎌倉投信のお客様のなかには、投資経験が豊富な人や金融機関などプロの機関投資家がいる一方で、もともと投資に嫌悪感をいだいて距離をおいていた人、寄付の領域で社会をよくしようと活動しているNPO・NGOの人、「投資は初めて」というお客様が多くいる。そうかと思うと、鎌倉投信の投資姿勢の真逆にあるデイトレード（短期的な値動きに着目して頻繁に売買を繰り返す投資手法）で実績を残す個人投資家もいる。

そうした人からは、**「いままで投資は金儲けのためだけのものと思っていたが、そうではなかった」「社会をよくすることと投資が初めてつながった」**といった声を聞く。

投資は、お金を増やす役割を持つが、それは手段であって目的ではない。

この本を通じて「投資には、自分のお金を増やしながら社会をよくする力がある」ということを理解してもらえるように、力を尽くした。**せっかく投資をするなら、社会も、未来も、あなた自身も豊かにする投資に出会ってほしい。**これが、僕が鎌倉投信を創業し、また15年経ってこの本を書く理由だ。

第1章では、投資が「お金を増やすだけの手段」になっていることへの疑問を共有し、「社会をよくする」投資とは何かを一緒に考えてみたい。

第2章では投資でお金が増える仕組み、第3章で株価とは何か考えたあと、第4章では、「お金を増やすこと」が投資の唯一の指標となりやすい金融市場の構造について示す。

第5章では投資の「新しい選択肢」を示し、ＥＳＧ投資やソーシャル・インパクト投資の課題や可能性を掘り下げる。

第6章では、その選択肢の1つとなりうる鎌倉投信や、未来を託《たく》したい「いい会社」の事例を紹介する。花王やカゴメなど誰もが知る大企業から、ユーシン精機などグローバルニッチな企業、ヘラルボニーなど非上場企業まで幅広く取り上げる。最後に、投資の先にどのような社会、未来、自分を描くか、想像するヒントになる話をしてみたい。

なお、本書では、「社会にいい投資」を考える目的で、さまざまな会社が登場するが、個別の有価証券等への投資を推奨するものではない。その前提で読み進めてほしい。投資のリターンやリスクも、将来の結果を保証するものではない。また「投資」に近い言葉に、「資産運用」がある。厳密には両者は異なるが、ここでは資産運用も「投資の一部」としてまとめて話をしたい。

この本が、あなたが投資における新たな出会いのきっかけになれば、とてもうれしい。

目次

第2章 リターンの大元は「事業」である

第3章 経済の海と金融クジラ 73

第4章 「欲望」が集まる金融市場の構造 101

第6章 「社会をよくする投資」の実践

最終章

投資の先にどんな「10年後」を描くか

第1章

「社会をよくする投資」とは何か

投資がお金を増やす「だけ」の手段になっている

日本の政府は、「新しい資本主義」の旗印の下で、国民の積極的な資産形成を促す「資産所得倍増プラン」を推し進めている。その目玉政策の1つが、証券投資に関わる非課税制度、いわゆるNISAだ。2千兆円を超える個人の金融資産を投資に向かわせようとする動きが加速するなかで、この機を逃すまいと、証券会社などの金融機関も個人への投資勧誘に否《いや》が応《おう》でも力が入る。

こうした世の中の風潮から、「とりあえずNISAをはじめたほうがよさそうだ」とお金を増やすことに関心を向ける人が増えた。

ところが、こうして投資に興味を持ちはじめた人と話をしていると、「何を買えばいいいんだろう」

「損はしたくない」
「何となく怖い」
「手続きがよくわからない」

といった声が数多く聞こえてくる。投資が何となく気になりながらも一歩踏み出すことに躊躇《ちゅうちょ》している人たちの声だ。こうした人の心を揺《ゆ》さぶるかのように、書店やSNSでは、金融資産を蓄えて早期にリタイヤするFIRE（Financial Independence, Retire Early）やNISA制度の解説など、投資に関する書籍や情報が数多くならぶ。

「将来が不安」な時代における投資

僕が投資の現場に身をおいた1989年から、日本の個人金融資産は約1千兆円から2千兆円を超えるまでに増え、GDP（国内総生産額）は実質ベースで年400兆円から約560兆円に拡大した。日経平均株価も、34年ぶりに史上最高値を更新した。

しかしはたして、「実際に」お金が増えていると実感している人はどれだけいるのだろう。あなたはどう感じているだろうか。お金は増えて、人は幸せになっただろうか。

そもそも、お金が増えたら人は幸せになるのだろうか。そんな疑問がわいてくる。

将来が不安だ、お金を増やして備えなければならないという半ば悲観的な理由で、投資でお金を増やそうとする若者も多い。

「将来が見通しにくく何となく不安」

「貯金よりはいいから」

「とりあえず外国株式なら増えそうだ」

このように、お金を増やす手段としてしか投資を考える機会はなかったと思う。

もちろん忙しい日々、お金の使いかたをわざわざ考えるひまはないかもしれない。だがあなたの人生にとっても、おそらくとても大事になるお金、とりわけ「投資」に、みんなが疑問を持っていないこと自体に、いつもモヤモヤしている。

お金や預金通帳に記録される金額そのものは、単なる紙であり数字であり、お金そのものに実態としての価値はない。「価値があるとみんなが信じていることが価値」という、つかみどころのない存在だ。しかし、ほしいものがあれば何でも買うことができる絶対的な存在でもある。いま使うこともできるし、将来使うために残しておくことも、投資で増やすこともできる。

お金は、変幻自在であるがゆえにそれを持つ人、使う人の人間性が表れる。

「投資はお金を増やすために行うもの」「お金儲けの手段」という単純な話に帰結しやすいのは、このようにお金がいろいろな顔を持つからなのかもしれない。

お金の動きは「欲求の総和」

そういう僕も、長年にわたってさまざまな投資経験を積んでいながら投資についてモヤモヤした気持ちをずっと持ち続けている。電話一本で数百億のお金を動かしたり、何兆円もの年金資金を運用する年金基金の運用利回りの向上に貢献したとしても、投資、広くいえば金融は、本当の意味で社会の中身をよくしているのだろうか、社会を豊かにしているのだろうか、人を幸せにしているのだろうか、というモヤモヤ感だ。

運用成果や営業数値を上げなくてはならないプレッシャーのなかで、何のために投資をしているのかがわからなくなることもしばしばあった。投資には、数字を追い求めるだけでは満たされない、真の目的があると感じるからだった。

本来、投資を含めた金融とは、社会や経済を豊かにするための水脈のような存在だ。

金融は社会や経済を豊かにすることが目的であって、お金を増やすことが真の目的ではない。けっして、経済の表舞台にしゃしゃり出て、派手に動き回る存在でもない。主役は人であり、会社であり、人の集まりである社会だ。金融はあくまで裏方なのだ。

しかし、金融は、個人や会社から預かったお金を投資や融資などを通じて、手っ取り早く儲けること、お金を増やすことだけを考えた結果、しばしば経済や社会を混乱させてきた。銀行が不動産の値上がりを前提に過剰融資を行い、短期間で高値で売りぬく土地ころがしに加担して日本の不動産バブルを助長したことは典型例だ。

当時、不動産を高値で右から左に仲介して何億円という利益を手にした会社の同僚が、今日は大儲けしたと喜ぶ姿を見て、申し訳ないが共感することはできなかった。不動産の利用価値をいかに高めるかではなく、単に高値で売ることを目的にした取引にどのような意味があるのかがわからなかったからだ。そして、実体としての価値を無視し、金儲けという欲望の上に積み上げられた砂上《さじょう》の楼閣《ろうかく》は、いとも簡単に崩れる。その後、社会は長期にわたり混迷した。

証券市場で株式を買って高値で売ることを目的にした投資も同じで、**単にお金が買い手から売り手に流れるだけでは、社会からすると何の付加価値も生まない。**信用力の低い住宅ローン債権を信用格付けの高い債権と混ぜ合わせ、そのリスクを覆い隠すかたちで証券を組成して大量に販売したことに起因したリーマンショックもその象徴的な出来事だ。

金融ショックに至らないまでも、リスクの高い金融商品を十分に理解していない高齢者に販売したり、大手証券会社が上場時の株価を操作するなど金融に関わる不祥事は後を絶たない。こうしたお金に対して誠実さを欠いた金融が普通に生活している人にずいぶんと迷惑をかけた罪はけっして軽くはない。

金融は、お金を動かすことと、お金を増やすことで利益を得る。そのため、お金は、動くことと、増えることへのプレッシャーを常に受け続けている。お金の動きは、人の欲求の総和だ。なかでもお金を増やすことは、預金者、投資家の共通利益になりやすく、その欲求が刺激されやすい（そのメカニズムは第4章で解説する）。それを満たすための中心的な役割を担《にな》う投資商品は、目で見たり、手で触れたりして価値を実感することが難しい。それだけに、わかりやすい数値に標準化されると共通した欲求の対象となりやすく、時として欲望の標的にもなる。

そこには、いい社会やいい未来といった視点はなく、お金が増えることが絶対目的となる。そうした「お金を増やすこと」への欲求の塊《かたまり》が金融市場ともいえよう。

それでよいのだろうか。本来、自分なりの投資観、すなわち投資の判断軸や「お金を増やした先」に何を見るかが、投資を成功させるのではなかったか。

僕が行きついた答えは、

「社会をよくする投資」、ソーシャル・グッドな投資だった。

社会をよくすることと、利益を出すこと

将来が不安で、お金を増やすために投資をしようとしているのに、「社会をよくする」なんて、「そんなお人好しなことは言っていられない」と思うかもしれない。「社会をよくする」というと、お金を増やすことの反対にある「寄付」をイメージしたり、「経済的な利益が犠牲《ぎせい》になりがちなのでは」と、疑問に思う人もいるだろう。しかし、けっしてそうではない。

「社会をよくする投資」とは、社会そのものに新たな価値が生まれるお金の流れを意味する。経済成長を主目的とした社会ではなく、「人」の困りごとや、経済成長を追い求めるなかで生じた社会の歪みを解決することで新たな経済領域を生む。つまり経済ファーストではなく人ファーストであり、**その結果として、社会全体の経済価値が高まる**ということだ。それは、同時に社会の変化を起点にした経済価値の創出でもあり、投資家の利益（リターン）の源泉ともなる。

リターンとはその名のとおり、社会に貢献する結果として「戻ってくるもの」であり、つながりのある「お金の循環」がもたらすものだ。

モノが不足している時代には、暮らしを便利にするモノを充足させることが会社の役割だった。しかし、モノが充足したいまの社会においては、社会課題を解決し、社会をよりよくするお金の流れのなかにこそ、新たな経済価値が生まれる。そこに収益機会は間違いなく存在する。収益機会とは、社会や人の心に埋もれた潜在的なニーズに応えること、つまり収益を生む新たなビジネス領域の発見に他ならないのだ。


社会課題の解決とは、新たな社会への転換であり、新たな経済領域である。身近な例でいえば、オンラインツールによりどこでも働けるようになると、人と会社との関係、地方と都市との関係が変わる。車や住まい、服などのシェアリングエコノミーは、人と人、人とモノとの関係や、所有と共有の概念を変える。

年を追うごとに身近に感じるようになった異常気象や自然災害、高齢化や少子化、食の安心・安全や廃棄ロス、経済格差、教育を取り巻く環境など、日本も世界もさまざまな課題に直面している。**こうした社会課題、すなわち社会の困りごとを解決することは、いわば潜在的な社会ニーズの掘り起こしに他ならない。**

会社が単にモノやサービスを増やし、規模の経済を追い求めて成長する時代は過去のものだ。社会課題から自社の存在目的や社会のニーズを掘り起こし、新たな事業を創出したり、モノやサービスに新たな意味づけを行ったりすることができれば、売上、利益を伸ばすことにつながる。そうすれば、会社の価値は高まり、株価も上がり、投資したお金は増えて投資家の手元にもどってくる。

投資の世界では、途中の経過はどうであれ最終的に「どれだけお金が増えたか」ですべてが測られる。そのため、投資商品を選択するとき、「いかに効率的にお金を増やすか、いかに手数料が安いか」に目が向いてしまい、標準的で均質的な投資商品にお金が集中する。

まるで皆が金融市場というレストランで、同じ服を着て、コスパのよい同じオススメ料理を食べているような光景にも映る。投資商品となると、人の目につくものではないのでさほど気にならないのかもしれない。

しかし、皆が個性を持たずに同じ思考をしていても新たな価値が生まれることがないように、同じ方向に向かってお金が流れても新たな価値が生まれることはない。個性や多様性、その背景にある自分らしさや、社会に目を向ける視座が求められるいまの時代において、違和感を感じるのは僕だけだろうか。

投資には、その人の考え方や価値観、さらにいえば人間性が面白いように現れる。お金儲けだけを考える人は市場の値動きに一喜一憂するし、自分の軸を持たず周りに流される人は、周囲の声に惑わされて右往左往するだろう。自分なりの「投資の判断軸」と「投資から眺める世界観」を持つ人が投資の成功者になる。

それを、僕は**「投資観」**と呼んでいる。

投資は「社会をよくする」ものなのか？

「自分が教える生徒は、投資でひどい目にあった。なんで投資の会社なんかに人前で話をさせるのだ。このような集まりには参加できない」

鎌倉市のあるイベントで、鎌倉投信の取り組みを紹介したときのことだ。大学で教鞭《きょうべん》をとっているという参加者の一人が、このように言い残してその場を立ち去った。「社会をよくする投資のありかた」を地元鎌倉からめざしていると話をしたつもりだったが、投資についていろいろな経験や考えを持つ人がいることへの配慮が足りなかったと反省した。同時に、「投資は悪」、そうした感情をいだく人だからこそ、「社会にとっていい投資とは何か」、をともに考えたいとも感じた。

投資信託とは、たくさんの人からお金を預かり、さまざまな有価証券に投資をしてお金を増やし、その利益を投資家であるお客様に還元する投資商品だ。日本で、個人が購入できる公募型の投資信託は、6000近くある。その中の1つが、鎌倉投信が運用・販売する「結い2101(ゆいにいいちぜろいち)」だ。

「結い」は、皆で力を合わせること、「2101」は、22世紀の始まりである2101年を意味する。2101年につながるいい社会、いい未来を多くの人とともに創っていきたい、名前にこめたのはそんな思いだった。

「結い２１０１」では、独自の視点で日本の「いい会社」を厳選して投資をし、その発展成長を応援することで投資家の資産形成と社会の持続的発展の両立をめざしている。それが、長年投資の世界で経験を積んできた自分にしか果たせない役割だと感じている。

「社会をよくする投資」の本質

２０１１年3月11日14時46分に東北地方を震源とした大地震が起きた。当日の日本の株式市場は、取引終了間際だったこともあり大きな反応はなかったが、福島原発を含めて事態の深刻さが明らかになった週明けの2日間で、日本の株式市場は20％近く暴落した。これから先、何が起きるかわからない、どれほどの経済的影響が出るかがわからないという目に見えない恐怖から、損をしてでも現金に換えて資産を守ろうと、まさに売りが売りを呼ぶパニック状態だった。実に１００兆円もの時価が一瞬にして日本国内で減ってしまったのだ。

こうしたなかで、鎌倉投信のお客様も不安になって「結い２１０１」をいったん売却する人も多いに違いないと身構えた。しかし、蓋を開けてみると、結果はまったく異なるものだった。「このようなときだからこそ『いい会社』を応援したい」という声をいただくと同時に、追加で投資したお客様が圧倒的に多かったのだ。当時はまだ営業を開始して1年目だったが、その1年間のなかで最大の入金件数があった。

鎌倉投信は、「直販」といって、銀行や証券会社を経由せずに直接お客様と対話をしながら証券口座を開設してもらっている。野菜の販売に例えると「産地直送」で、顔の見える関係性を大切にしている。日本の投資信託の99％以上は、ネット証券などの販売会社経由で販売されていて、鎌倉投信のような直販は、全体の1％に満たない希少な立ち位置にいる。

そのこともあって、お客様は、「結い２１０１」の投資の考え方や投資先企業の日頃の活動をよく知っていた。当時、追加で投資いただいたお客様からのメッセージの一部がこちらだ。

「『結い２１０１』を通じてお金が働いてくれることで、間接的に復興につながっていくと信じます」（30代男性）

「被災地域や国内で困難に負けず助け合っている姿は、まさに『結い２１０１』の投資先の姿と重なる。いまは『結い２１０１』の投資先も売られると思います。ですが、本物は必ずはばたくはず。ぜひ、鎌倉投信の投資理念を貫き、『結い２１０１』の輪を広げていってください」（40代男性）

胸が熱くなった。僕は、こうしたお客様のメッセージを当時の投資先の社長のすべてに手紙で送った。すると、投資先の社長からは、「大変な状況だが、役職員一丸となって頑張って乗り越える。そのことを鎌倉投信のお客様にも伝えてほしい」と返信が届いた。

お金は、無色透明でどんな形にもなるが、人の思いを伝える力がある。このとき、僕は確信した。

　このときに投資をしてくれたお客様は、投資先の会社の価値を株価や財務諸表上の価値で測るのではなく、社会における存在価値を見、社会に必要な会社であることを実感していた。おそらく株式市場が大きく値を下げるなかでも「結い２１０１」に投資をすることに何の不安もなかっただろう。「彼らなら逆境も乗り越える」と信じられる会社に投資をしていれば、未来をよくする投資であると確信できると同時に、自分の資産も増えると信じられるのだから。これが結果的に、社会をよくする投資になる。普段から、自分なりの価値観を持ち、それが判断軸となり、実際に投資先企業の頑張りを感じていたからとれた行動だと感じている。

　結果としてこのタイミングで投資した人たちは、この十数年の間で最も高い利益を享受した人たちだ。そこには間違いなくその人たちなりの価値観があった。僕にとっては、**投資が会社にも社会にも力を与えることができる**という「投資の本質」をお客様から教わった貴重な経験だ。

投資とは何か

そもそも投資とは何だろうか。「株式に投資をする」「自分に投資する」「国の未来のために子どもの教育に投資をする」など、投資という言葉はさまざまな場面で使われる。共通していることは、お金、時間、愛情など、「自分にとって大切な何か」を、「自分が大切だと思う何かに使うこと」だ。そしてそこには、未来への期待が込められているようにも感じる。

期待する見返りは、金銭的なものもあれば、心の充足や自己の成長もある。何も見返りを求めない無償の投資もあるだろう。投資とは、お金だけの話ではない。なかでも大切な人に愛情を注ぐことは、投資のなかでも最上の投資ではないだろうか。

本来、お金の使いかたには、自分の思いや価値観、個性が反映されるものだ。しかし、いちいちそんなことを考えていられないのが正直なところだろう。多忙で情報量の多い現代には、仕方のないことだ。しかもいまのように先が見通しにくい時代において、お金を効率的に増やすことは確《たし》かに大切である。

僕はこの本で、「いかにお金を増やすか」という思想だけでつくり上げられてきた投資の世界観がなぜ存在し、なぜ唯一の判断軸であり続けているのか、その先に何があるかを書いた。

働きかたも、レストランやアパレルブランドの選びかたも、パートナーとのありかたも、人それぞれだ。同じように、自分らしい投資の選択肢が、もっとあっていいと思う。

一人ひとりが、**投資に自分なりの価値観を宿したとき、しっかりした軸を持ったブレのない投資につながり、資産形成の成功可能性はぐっと高まる。**意思を持った投資は、会社を動かし、社会を動かしはじめ、自分の金銭的利益（リターン）を犠牲にすることなく社会をよくする力にもなる。

「とりあえず米国株」などお金が同じ方向に向かうのではなく、いい社会をつくろうという意思を持ったお金の流れが求められていると感じている。僕が鎌倉投信を立ち上げたのも、そんな思いからだった。

「顔の見える投資」の原点

大元をたどれば、僕の「投資観」を育んでくれたのは、小さいながら実直に商売を営む姿を見せてくれた両親だった。

僕は、島根県大田市という自然に恵まれた田舎町で生まれ、小さな食料品店と農業を営む両親の下で育った。両親は、客足が減っても、「誰か近所の子がお菓子を買いに来て店が閉まっていたら困るだろうから」と、正月を除き毎日店を開けていた。そんな地元のお客さんや、商品を卸してくれる問屋さんを大切にする両親の背中を見て過ごした幼少期は、いま思えば、**お金によってつながる人との関わりへの感謝、そこから生まれる信用こそが貨幣の本当の価値なのだ**と思うようになった原点かもしれない。幼少期に見た風景は、心が通う経済と社会の縮図だった。

よく何か強い思いがあって金融の世界に身を投じたのか、と質問される。恥ずかしいことに、若いころは志といえるような強い思いを持っていたわけではなかった。しかし、入社してすぐに「何か違うなぁ」と、違和感を覚えたのは確かだ。幼少期に見ていた「商売」の風景と、無意識に重ね合わせていたのかもしれない。

バブル絶頂期だった当時の金融業界全体にいえることだが、経営者の口から語られることといえば、いかに儲けるか、いかに同業他社の上をいくか、という数字を追うことばかりで経営理念や会社の存在目的が共有されることはなかった。実業と関係のない財テクという名の下で、値上がりを前提にした不動産投資や株式投資への融資が派手に行われていたことはすでに述べた通りだ。この融資のお金は、元をたどれば個人や会社が預けた預金だ。こうした金融取引への融資から「新たな価値」が社会の中に生まれることはない。

金融業界への違和感

僕の投資経験は、日系の金融機関で年金基金から預かったお金を「増やす」仕事から始まった。最初の仕事は、債券の取引で毎日利ザヤを稼ぐこと。

当時は、朝から証券取引市場が閉じるまで数字が並んだいくつものモニターに目を凝《こ》らし、市場動向や相場見通しを伝える証券会社からの電話を、肩に受話器を載せながらひっきりなしに受けていた。日本銀行の経済観測や海外の雇用統計など重要指標が発表される日には、発表直後に金利や為替がどのように動くか、値動きを表示するモニターから目が離せない。

マネーゲームそのものだが、当時はいかに儲けるかに神経をすり減らしていた。一瞬にして何十億も儲かれば、損も出るのだから。

当時証券部門にいた僕は、日々売り買いされる大量の株券（当時はまだ株券が電子化される前で券面が実際に存在していた）の管理に追われるばかりで、仕事のやりがいを見いだせず悶々《もんもん》としていた。そのような状況を間近に眺めながら、金融業界は本当に世の中のためになっているのだろうか、という疑問を感じながら仕事をしていたことを覚えている。しかし、入社して間もない若造に何ができるわけではない。当時は、最初に勤めた会社で一生仕事を続けることが当たり前の時代だったので、縁があって採用してもらった会社やお客様に少しでも貢献しようと、自分なりに一所懸命に仕事をした。

日系の信託銀行で11年間資産運用の仕事に携わったのち、運用の専門性を磨くため外資系の運用会社に転職した。そこでは、それまで特に日本の資産運用業界で当たり前だった人間の感覚的な投資判断によるものとはまったく異なり、高度なデータ解析技術を駆使した数理的アプローチを用いた世界最先端の投資理論や投資手法に触れることができた。

僕は、債券や株式のインデックス運用やアクティブ運用、クオンツと呼ばれる数学的手法を用いた運用、商品企画や営業などに携わった。インデックス運用とは、運用者の恣意性をいれずに株式指数等に連動させることをめざしたシンプルな運用手法だ。たとえば、日経平均インデックス・ファンドや米国S&P500インデックス・ファンドなどが該当する。

いまでこそ投資対象として広く利用されるインデックス運用は、僕がその運用を行っていた30年前は、ほとんど認知されていなかったので、それを日本に広める先駆的な役割を担ったと言えるかもしれない。

投資のリターンや投資の効率性は高まり、お客様は喜んでくれる。しかし、お金は増えても社会に「新たな価値」は増えているのだろうか。

こうして巨額の投資マネーが、金融市場を通じて数字を追い求め続ける先に、果たしていい社会、いい未来は描けるのだろうか。

金融の世界に身を投じてずっと感じてきた違和感をぬぐいきれなくなった僕は、副社長を務めていた当時の会社を辞め、かつての同僚に声をかけた。「本当に社会から必要とされる運用会社、本当に社会をよくする投資の形を一緒につくれないだろうか」と。半年かけて議論をした結果、投資を通じて多くの人とともにいい社会、いい未来をめざすいまの鎌倉投信の事業にたどりついたのだ。

直販だから、「顔」が見える

政府や大手金融資本が動かす大きなお金の流れから、真の意味で社会が変わることはない。むしろ、**一人ひとりの意思ある小さな投資や消費がジワリと増えていくこと**

の方が社会をよくする力になる。投資の世界を長く見るなかで、僕が感じてきたことだ。

鎌倉投信を創業するとき、どのように事業戦略を構築すればそれを実現できるだろうかと、そのことをずっと考えていた。投資や資産運用に関わる事業といってもさまざまな形態がある。

たとえば、ファンドラップや年金の運用を行うときのように、お客様と個々に契約を締結する投資一任業務もあれば、投資信託を運用する投信委託業務もある。投資信託のなかにも、不特定多数の投資家からなる公募型もあれば、人数などに制限がある私募型や外国籍などさまざまな形がある。こうしたさまざまな選択肢があるなかで、鎌倉投信は、最終的に「公募」の「投資信託」を「直販」で販売するという事業の形を選んだ。

金融商品をつくる、いわば製造メーカーである鎌倉投信が、自ら販売を行うD to C (Direct to Consumer) の仕組みだ。しかし、「投資信託」は、投資商品のなかでも最も法規制が厳しく、運営にはお金も人も要する。なおかつ販売を他社に頼らず自社でやる「直販」となると、運用だけを行う場合に比べると人も費用も2倍かかるので、実際にそれを事業化することは容易ではない。

それでもあえて、難しい事業を選択した理由が、次の3つだ。

1. 満期をなくすことができる：「投資信託」を通じて「いい会社」の成長を応援し、長期的な視野に立った資産形成と社会の持続的な発展に貢献するため
2. 不特定多数の人が少額から参加できる「公募型」：一人でも多くの人に「いい会社」への投資を通じた社会や未来との関わりに関心を持っていただくため
3. 顔の見える（銀行や証券会社を介さない）「直接販売」：鎌倉投信、お客様、投資先の会社の三者が信頼で結ばれる関係をつくるため

つまりは、僕たち創業メンバーが「大切にしたいこと」を最優先し、事業のあり方を通じて表現したのだ。これによってめざした金融の姿が、「直販の公募型投資信託だからできる個人参加型の金融像」だ。これが、半年かけてたどりついた答えだった。

とくに「直販」にしたのは、投資家との顔の見える信頼関係を築くことを大切にしたかったからだ。**投資において避けるべき最大のリスクは、元本が目減りすることではない。そもそも自分の大切なお金が、何に投資されているかがわからないことだ。**

販売会社である銀行や証券会社の窓口を経由して購入する投資信託は、よく調べないと運用の中身がわからないことが少なくない。

その点、運用会社が直接お客様に投資信託を販売する「直販」であれば、運用者の価値観や考え方、どんな会社になぜ投資されているかが伝わりやすい。こうして運用者と投資家の間に、信頼できる関係を築くことができれば、投資家は安心して長い目で資産形成に取り組むことができる。結果として、短期で売買を繰り返すことによる失敗のリスクが減り、お金が増えていく可能性も高まることもわかった。

人と人とが関わり合いながら成り立つ社会をよりよくするための投資の意義は、自分の利益（投資のリターン）を享受しながらも、投資をきっかけにして、投資をした人自身の意識と行動が、社会をよりよい方向へと向かわせる力になることにこそあると感じている。

投資金額の大きさではない。むしろ大きくなくてよい。1万円からの投資をきっかけに、自分の人生や社会に対して、主体的に向き合う人が増えることに意味がある。その数が、一人から、何万人、何十万人、何百万人となったとき、小さな意識の変化が社会を動かす力になるのである。僕は、そうした力を信じている。

この本を読み終わるころには、読者のあなたもそう感じてくれていたら嬉しい。

第2章

リターンの大元は「事業」である

そもそも、なぜあなたは「お金が増える」前提で投資をしようとしているのだろうか？　また、普段目にする「お金を増やすため」の投資は、「社会をよく」していないのだろうか？　ここから、資産形成に欠かすことのできない株式投資について理解を深めていこう。

株式や株価について熟知している方は、4章まで読み飛ばしてもらっても構わない。「投資の価値観」を育むうえで、「投資のことはよくわからない」という方にも株式投資を「構造から」理解してもらいたいと考え、あえて回り道をして筆を尽くしたつもりだ。

なぜ投資か

貯蓄はお金を「減らす」行為だ

あなたは何のために投資をするのか？　いったん「社会をよくする投資」から離れ、

一般論として整理しておきたい。

一言でいえば「お金を増やすため」だ。それ以上でも、それ以下でもない。そうでなければ、銀行口座に寝かせておくほうが手間もかからない。

あなたがお金を増やす方法は、シンプルだ。

①収入を増やす
②使うお金を減らす
③いま使わないお金を投資に回す

この3つ、もしくはこれらの組み合わせだ。

このなかで、①収入の増加と②支出の抑制は、あなた自身が能動的に働きかけることによってお金が増える。対して③の投資はお金に働いてもらう。正確には、投資する先にある会社や人に働いてもらうことによって、お金が増えるといった違いがある。

そして、あなたが実際に意識しているかいないかは別として、③の「いま使わないお金を投資に回す」ことには次の3つの意味合いが含まれている。

①貯める：将来使うお金を、いま使わずに別の財布に蓄えること

②維持する：いま使わないお金を物価の上昇に強い資産に替えて、お金の実質的な価値（購買力）を減らさないようにすること

③増やす：②に加えて、物価の上昇（インフレ）率を上回って、価値が上昇する可能性の高い資産を保有することによって、将来受けとるお金を増やすこと

このとき、なぜ銀行預金ではいけないのだろうか。答えは簡単で、①貯蓄だけであれば、タンス預金や銀行預金でもよいのだが、②購買力の維持と③資産価値の増加を満たそうとすると銀行預金ではかなわないからだ。実質的なお金の価値を維持することができないのだ。詳しく見てみよう。

仮にあなたがA銀行に100万円預けていたとしよう。いま、銀行預金の普通預金の金利は、0・02％だ。この100万円が2倍の200万円になるのに何年かかるだろうか？

図1.モノの値段が上がれば
お金の実質価値（購買力）は下がる

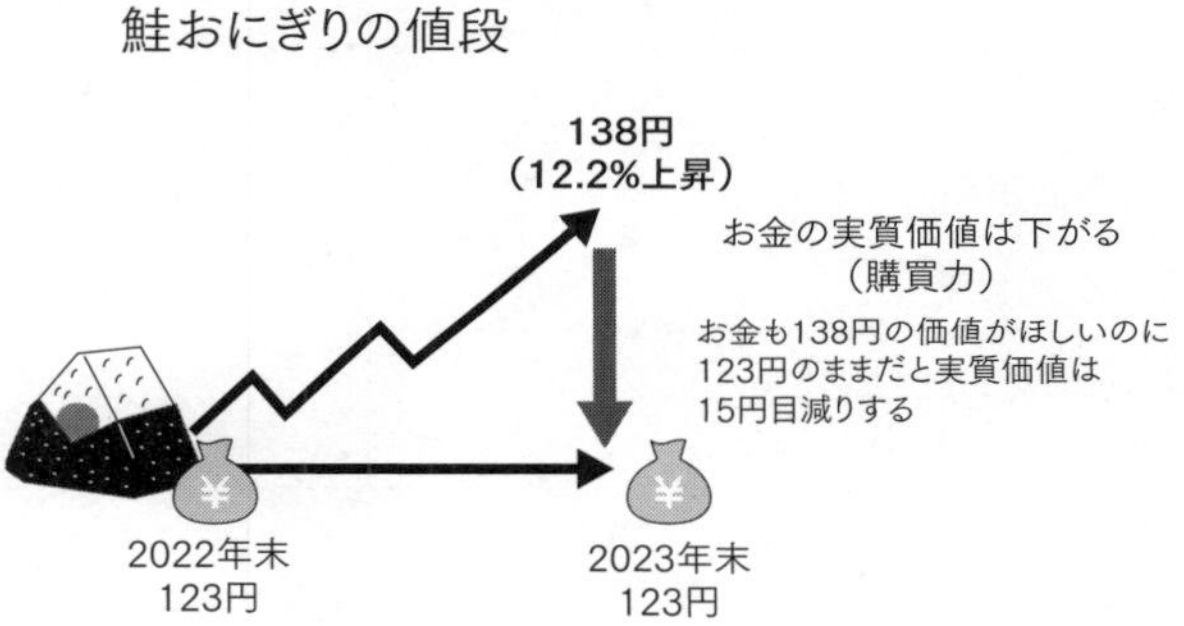

資料：総務省統計局小売物価統計調査より
筆者作成

答えは約3500年である。

気が遠くなる年数で一度や二度生まれ変わっても遠く及ばない。

「それでも構わない、お金が減らなければいい」という声も聞こえてきそうだ。ところが、その場合に困ることは、生活するうえで必要な食料品や日用品、電車やバスなどのサービス料金が上がることだ。銀行預金にお金を預けただけでは、あなたのお金は実質的に減ってしまうことになるのだ。

たとえば、あなたがコンビニに行って鮭おにぎりを買ったとしよう。値段は138円だ。あなたは、お金を払いながら、「このところ食品の値段がずいぶんと上がってきたなあ」と実感する。1年前は123円で買えていたからそう感じるのも無理もない。鮭おにぎりの値段は、10％以上値上がりしているのだ（図1）。

話をわかりやすくするためにあえて極端な話をするが、仮に1個100円だったおにぎりの値段が、これから10年間10％ずつ値上がりしたらお金の価値はどうなるだろうか。おにぎりの値段は259円になり、100万円で1万個買えていたおにぎりは、10年後には3861個しか買うことができなくなる。

10年後に同じ1万個のおにぎりを買うためには、いまの100万円は、物価の上昇を上回る、少なくとも259万円までお金を増やしておく必要がある（図2）。これが物価上昇に強い投資が必要とされる理由だ。

図2. お金の価値が変わると……

	今	10年後
おにぎり	100円	259円
あなたの銀行預金	100万円	100万円
買えるおにぎりの数	1万個	3,861個
「今」と同じ数のおにぎりを買うために必要なお金	—	259万円

「お金を増やす」ときの選択肢

あなたが投資でお金を増やそうと思ったときには、何を選択すればよいだろうか。

一般的には、債券、株式、不動産、金などの商品への投資が考えられる。これらを投資対象にした投資信託のような投資商品も候補になるだろう。もちろん、ワインや絵画、骨《こつ》とう品といった嗜好《しこう》品も対象になり得るが、目利きや売買の難易度から考えると、第一の選択肢にはなりにくい。

一方で、不動産に投資しようとするとある程度まとまったお金が必要となる。時間も手間もかかる。さらに株式を例にとれば、日本だけでも４０００社近くある上場会社のなかから、特定の投資先を選択するのも簡単ではない。仮に、これと決めて投資をしたとしても、投資先の数が少ないと、株価の変動率は大きくなる。短期間で2倍に増えることもあれば、逆に半値になることも日常茶飯事だ。

そこで、個人にとって、身近な投資商品の１つが投資信託だ。

投資信託とは、たくさんの人からお金を預かり、さまざまな有価証券に分散投資をしてお金を増やし、その利益を投資家であるお客様に還元する投資商品だ。投資信託は、商品にもよるが千円～1万円といった少額からの投資が可能だ。多くの投資家から集めたお金をひとつの信託財産にまとめて、運用の専門家である運用会社（投信委託会社）が、それぞれの投資信託の運用方針に従って株式や債券などに投資する。利益や損失は投資家それぞれの投資金額に応じて配分される仕組みになっている。

少額から投資ができる、投資先を自分で選ぶ手間が省ける、少額でも幅広い有価証券に投資ができるので収益の安定性も高まる。

もちろん短期的なリスクはあるものの、株式や株式を中心に投資をする投資信託は、預金や債券よりも、長期的に見て物価の上昇率を上回ってお金が増える可能性が高い。また、換金のしやすさの点でも株式投資は欠かすことができない。

なぜ株式投資か

では、なぜ株式投資は物価の上昇に強いのだろうか。そのことを示すことは比較的容易だ。

株価がそもそもの「物価」を左右する企業活動と、切っても切れない関係にあるからだ。

会社は、物価の上昇分を商品やサービスの値段に上乗せして販売することによって、株価の元となる売上や利益を高めようとする。通常、会社はモノやサービスをつくるうえで必要な原材料や輸送費、電気代などが値上がりしたら、そのぶん、商品やサービスに価格転嫁して売上を伸ばそうとする。その一方で、経営努力を行ってコスト削減にも取り組み利益を伸ばす努力をする。その結果、会社の売上や利益の増加につながり、利益が増えれば株価は上昇する。


先ほどのコンビニのおにぎりの例で考えてみよう。足元でおにぎりが値上がりした背景には、電気代や輸送費、人手不足による人件費の高騰などが背景にある。消費者はモノの値段が上がれば購入を手控えるものだが、おにぎりくらいであればわざわざ家で作って持ち歩くのも面倒だし、「数十円の値上がりだったら仕方ないか」と、ついいままで通り買ってしまう。もしかすると値上がりに気づきもしないかもしれない。

図3．物価上昇率控除後の資産別実質リターン

（1900年〜2000年，日・米・英3ヵ国単純平均，年率）

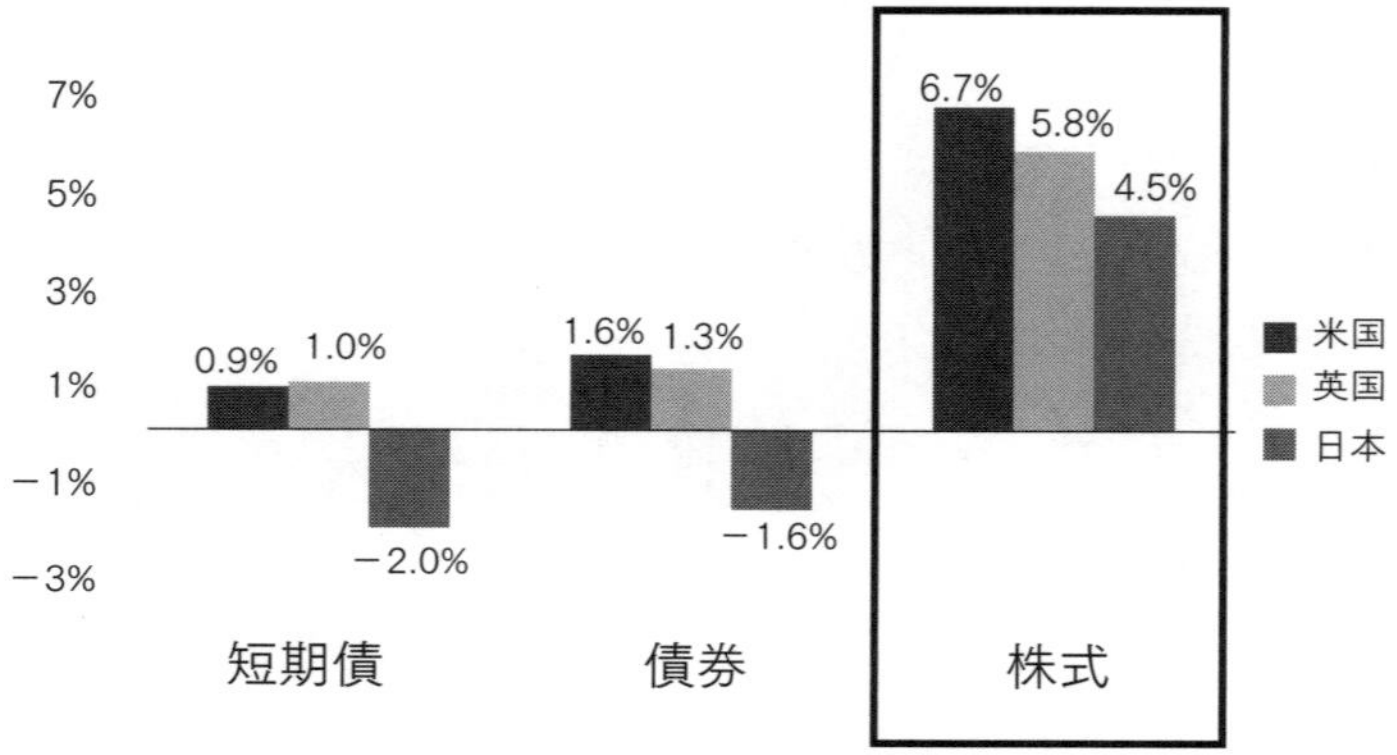

資料：エルロイ・ディムソン他『証券市場の真実』（東洋経済新報社）をもとに筆者作成

そのうち、こだわりのある高価で美味しそうなおにぎりまで登場すると、一度食べてみたいとつい手が伸びてしまう。こうしてコンビニを運営する会社は、うまく消費者の心理をついた新商品を出してくる。

その結果、物価は上がっても、それ以上に売上や利益は成長し、株価も上昇する。

もちろん長い歴史のなかでは、物価の上昇が起きない時期もあれば戦後の日本やオイルショック時のように急激な物価上昇（ハイパーインフレ）に苦しむ時期もあり、株式投資の成果がどの期間をとっても常に良好というわけではない。しか

し、長期で見た場合、株式のリターンが、物価上昇（インフレ）率を概《おおむ》ね5％前後（年平均）上回っているという事実は、重要な示唆《しさ》だ（図3）。

つまり、お金の実質的な価値である「購買力を維持」し、将来お金に換金できる「資産の価値を高める」投資対象は、「株式」と（株式の集まりである）「株式型の投資信託」が中心となる。

なぜ投資に不安を感じるか

このように理屈で考えれば、株式投資は理にかなっているのだが、世の中にはなぜ投資に不安を感じる人が多いのだろうか。それは、「投資」と「投機」を混同していることにあるのではないだろうか。

「投機」とは、たとえば、一日のなかで株式や為替の取引を何度も何度もくり返す日計り取引のように、短期的な価格の変動に着目した値段のサヤ取りなどで、プロでもその値動きを予測できず利益を出し続けることは難しい。

一方、「投資」とは、実態としての価値に着目し、その価値が長期的に増える傾向を見込むものであり、そこには一定の「法則性」を見いだすことができる。

たとえば、株価が基本的に会社の業績に連動すること、値動きの異なる複数の株式や投資商品を組み合わせて保有することによってそのリターンが安定する「分散投資の効果」、長期で投資を継続すれば時間の経過とともに雪だるま式に利益がふくらむ「複利の効果」などだ。それらの法則に則《のっと》って投資を行うことはさほど難しいことではない。そのため、プロはもとより、個人であっても実践しやすいものといえる。

とりわけ株式投資において着目すべき「価値」とは、会社の本業における活動そのものだ。そして、株価は、短期的な変動はあったとしても、中長期的には業績に代表される実態としての会社の価値に収斂《しゅうれん》する傾向にある。これは自然の動きであり、明確な法則だ。

投資とは、価格（株価）ではなく、「価値」に投資するものである。リターン（利益）は、価値から生まれ、株価（価格）は価値に収斂する。このことは肝に銘じておきたい。

投資家になるとはどういうことか

ここまで投資、なかでも株式投資の必要性について書いてきた。

次に、「投資家になることの意味」や「リターンとは何か」を考えてみよう。単にお金を増やすことだけを目的とした投資でよいのか、僕がモヤモヤしている理由の説明でもある。

投資家になってみる

投資家とは、事業を行うためにお金を必要とする人や会社に出資をして、その事業の成功に貢献しようとする人のことをいう（単に、これから値上がりしそうなものや値上がりするタイミングを巧《たく》みに見つけ、自分のお金を増やすことだけを考えている人とは異なる。それは投資家ではなく「投機家」だ）。

また、消費と投資の違いでいえば、消費が何かを手に入れるために「いま」お金を使うのに対して、投資はいま使わずに「将来に向けて」お金を増やすためのものだ。さらには、本来の投資には、未来に向けて新たな価値を社会のなかに生み出そうとする思いも込められている。

ここで、あなたが投資家になることを想像してみよう。

あなたは、親しい友人から、これから立ち上げる会社への出資の話を持ち掛けられたとする。

以前アパレルの会社に勤めていた友人は、大量生産された衣類が店頭に山積みされ、季節を過ぎて売れ残った衣類が大量に廃棄されている現状を何とか変えたいと考えていた。アパレル業界における大量生産、大量廃棄は、大きな社会課題・環境問題の1つだ。こうした社会課題を解決しながら、同時に事業としても収益を上げることができれば人と自然が共存する持続可能な社会の実現にもつながる。

そこで友人は、希少な国産のオーガニックコットンから作るオーダーメイドのシャツをブランド化できないかと考えたのだ。大量の農薬と大量の水を使用して栽培され、遠方から輸入されてくる綿を使うのではなく、耕作放棄地も活用しながら無農薬で綿を栽培する農家を増やし、地域創生にも貢献するのだという。

しかし、この事業を立ち上げるには手持ちの資金だけではまかないきれない。そこで、友人はこの事業の社会的意義と可能性をあなたに熱心に語り、会社が発行する株式と引き換えに100万円の投資を依頼してきたのだ。

「株式」とは会社への出資を証する券面だ。株式を保有することによって出資額に応じて会社の資産を所有する権利や利益の分配を受ける権利、重要な経営方針を決める際の決議に加わる権利を得ることができる。会社は、そうした権利を付与する代わりに投資家に資金を募る（図4）。

そして**株式を所有する投資家が「株主」だ。**それぞれの立場をまとめる。

会社　出資金を会社経営のために自由に使うことができる。お金を返さなくてよい

図4. 投資家と会社の関係

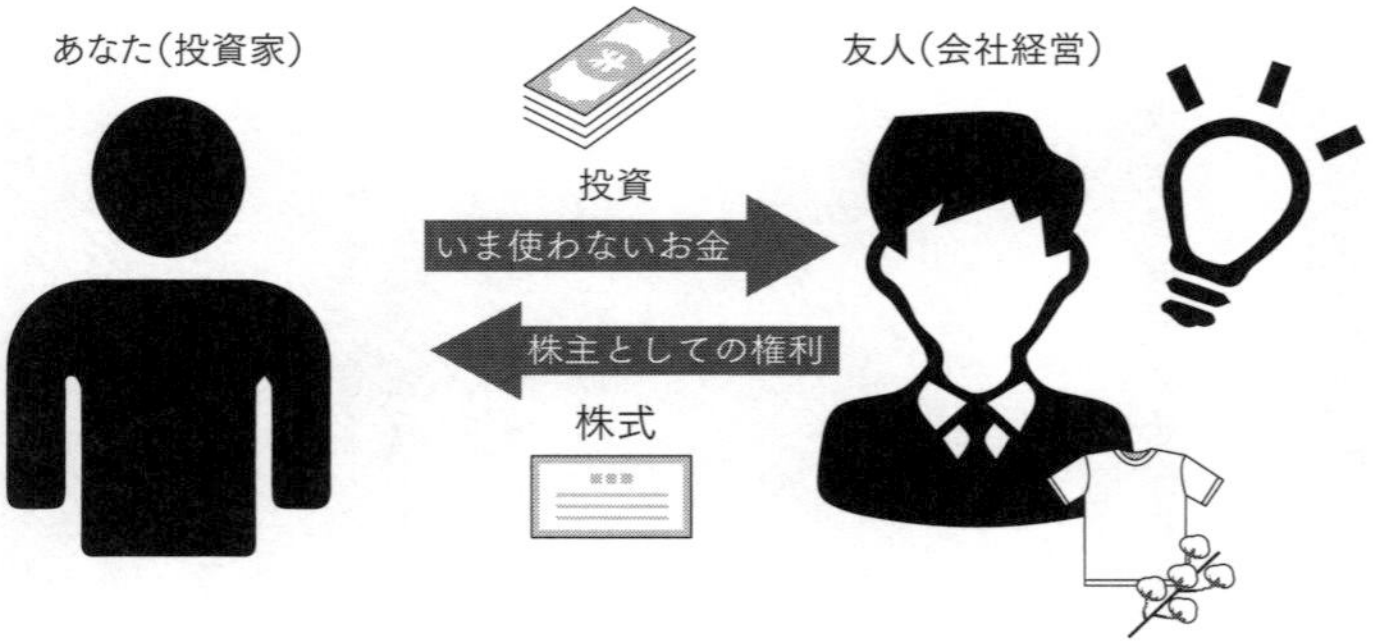

というのが借入との大きな違いだ。

株主

① 株主総会における決議など、会社の経営方針に関わる権利を得る。

② 配当金など利益の分配を得ることができる。配当金は現金で、実際にあなたの銀行口座に振り込まれる。*

友人の会社の事業が失敗したら出資したお金がゼロになるかもしれないと知りながらも、あなたはこの事業の社会的意義に共感した。友人の経営者としての手腕を信じ、将来お金が増えることも期待して100万円の出資を決めた。

これは、会社からすると株式を付与することによる資金調達であり、あなたから見れば株式の取得という名の投資だ。これが「株式投資」だ。あなたが投資家になった瞬間である。

リターンとは何か

投資家として会社に出資をして株式を所有することは、その会社の株主になるということだ。投資をしたら、当然見返りがほしい。では、投資家である株主の「利益（リターン）」はどのようにして生まれるのだろうか。

結論からいえば、株主のリターンの大元は、「会社の事業から生み出される利益」だ。会社は、株主から出資してもらったお金（資本金）を元手に、事業を行うために必要な設備や資産を購入する。** それらを活用して商品やサービスをつくり、それらを販売

*正式には、「配当金領収証方式」や証券口座で受けとる「株式数比例配分方式」などの選択肢がある
**株主からの調達に加えて、銀行借入や社債などで資金を調達することも一般的

図5．株主のリターンの大元は、事業活動から生まれる利益

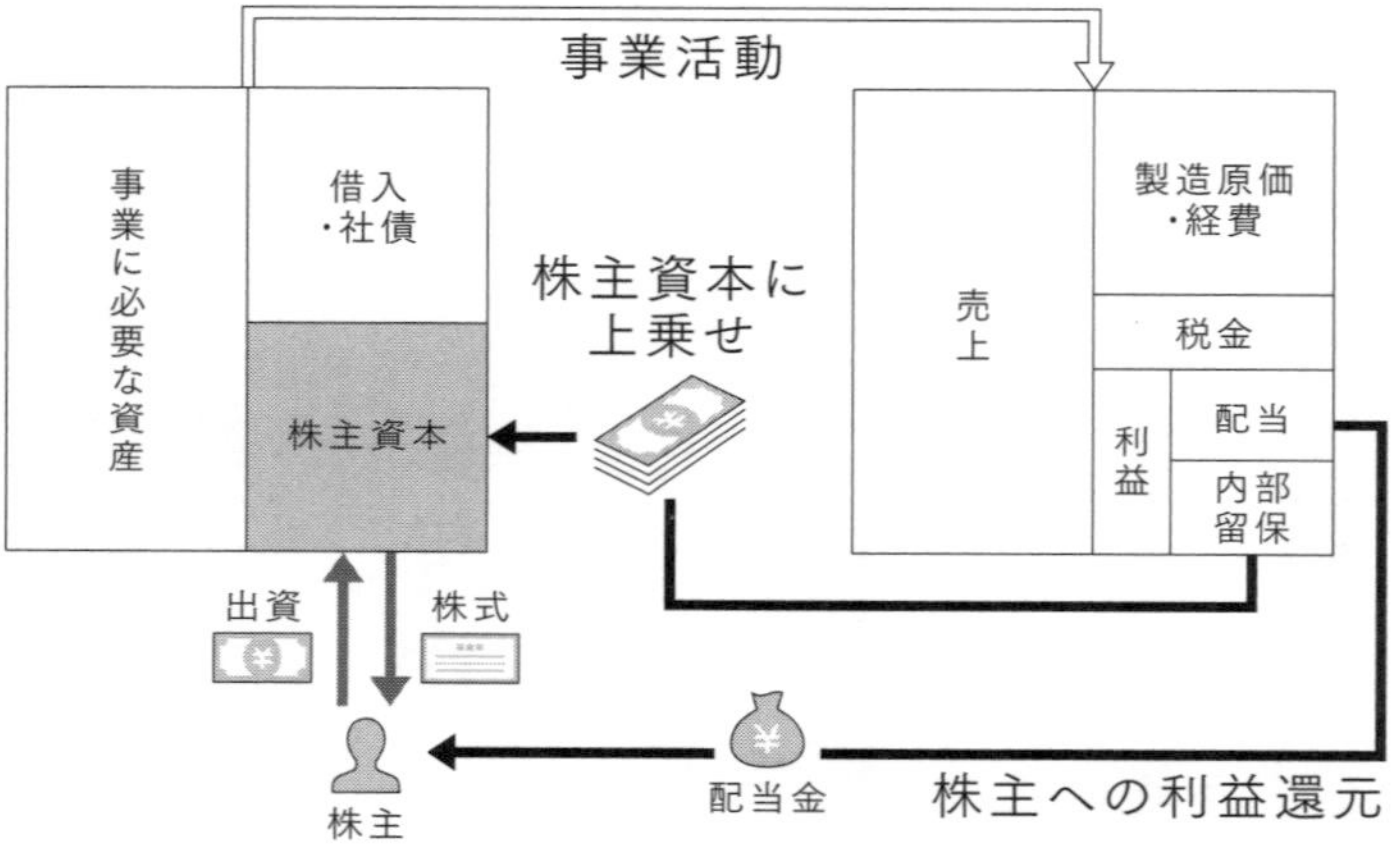

して売上を上げる。

そこから製造原価や人件費を含めた諸経費を差し引いたものが「営業利益」だ。

さらに、営業利益から借入にかかる金利、税金や役員賞与などを差し引いた残りが株主の利益となる（図5）。その利益から株主に対して配当金が払われ、残ったお金は「内部留保（剰余金）」として会社の資本金、つまり株主の資産となる。株主が保有する資産を「株主資本」という。

つまり、株主のリターンは、基本的にこうして得られる配当金と株主資本の増加額であり、その源泉は会社が生む利益なのだ（図6）。

図6．株主のリターンとは、配当金と株主資本の増加額

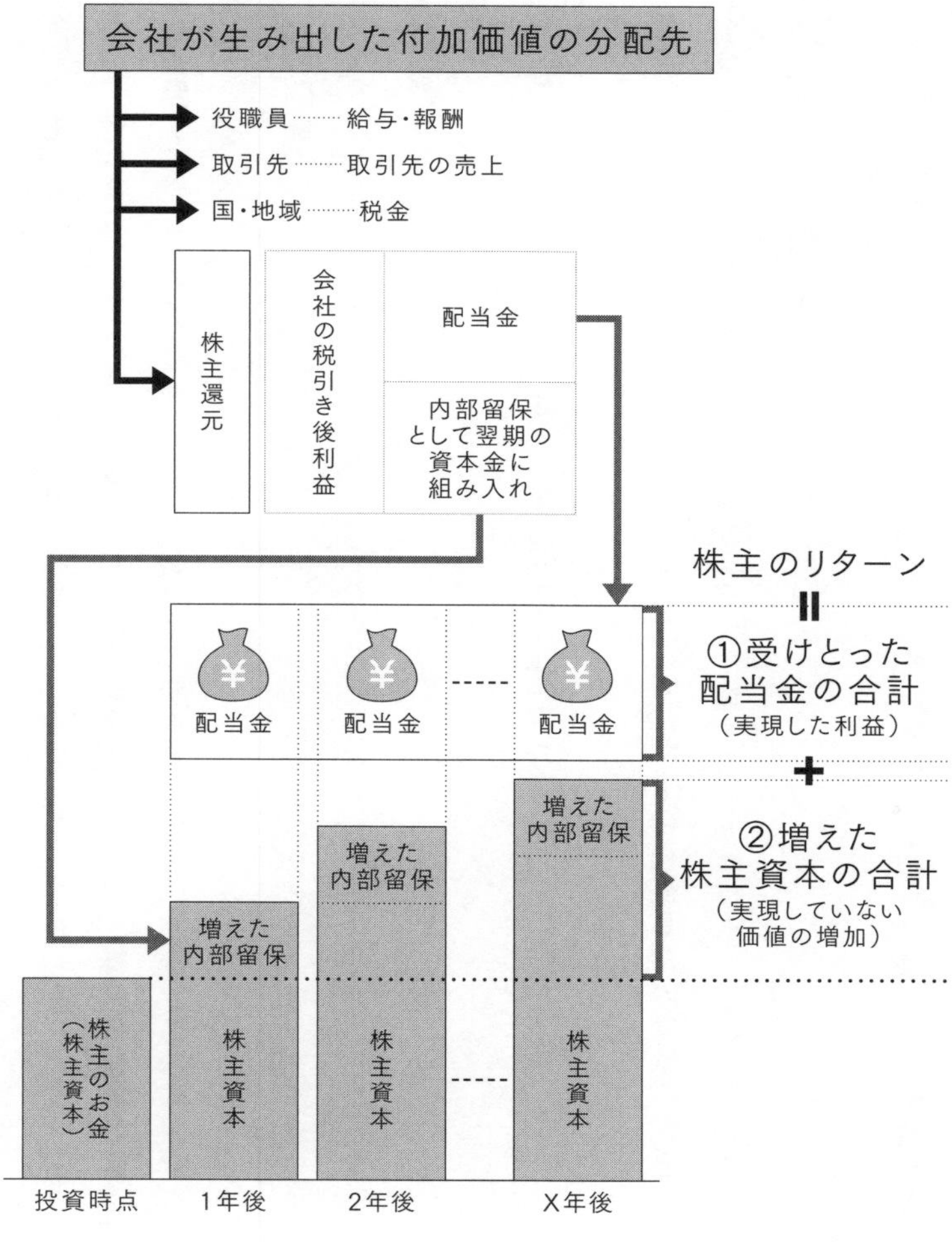

配当金を分配した後に、さらに利益が余っていたら、株主が出資した資本金（株主資本）に上乗せされて株主の資産は増える。**株主資本が増えれば、株式の値段を表す株価も上昇する。**もちろん会社が赤字となれば、配当も、株主のお金である株主資本も減る。

この関係性は、友人の会社であっても、トヨタ自動車やソニー、アップルやマイクロソフトのように世界を代表する大企業であっても基本的に同じだ。これが投資の原風景である。

株式会社は「大きな夢」を追う仕組み

株式投資は元本の保証はないが、こうして会社が生む利益しだいでは、大きなリターンが期待できる。銀行預金や債券などと比較するとリスクもあるが、そのぶん期待できるリターンも高い。

しかし、夢のある事業だからといってすべてが成功するわけではない。事業が失敗したら出資したお金は水の泡になることもある。出資金がゼロになるだけならいいが、それ以上の負債を負わされたらたまったものではない。そこで、なるべく多くの人が出資し合い、出資した金額以上の金銭的責任は負わない仕組みが考えられた。それが「株式会社」だ。

そこで、世界中の多くの事業家は、この株式会社の仕組みを使って投資家から資金を集め、設備を増やし、雇用を生み、大量にモノを生産したり、新たなモノやサービスを生み出したりして世界中で売ってまわる。会社の売上が増えると、取引先や社員の収入も増え、消費も拡大する。この拡大再生産の循環が資本主義経済の基本的な姿だ。

▼投資家の負う未来への責任

いま、多くの人が暮らす社会は、こうした資本主義経済の仕組みの上に成り立っている。仮に（国家や個人でなく）「会社」を中心に資本主義経済を見るとすると、その大元は投資が生み出したものといっても過言ではない。

資本主義社会を自動車にたとえるなら、会社が車を動かすエンジンであり、投資はエンジンを動かすガソリンのような存在だ。そうした意味で、投資と会社は、経済を推進する動力であり、その活動の結果が社会のありかたを左右する。

投資家が投資の先にある社会に目を向けなくてはならない理由がそこにある。投資家は**意図しないうちに、未来に対する責任を負っているのだ。**

そして、もう1つ大事なことがある。投資のリターンがどこから生まれているかということだ。

投資のリターンは、株式の場合、直接的には配当金や「買ったときの値段よりも値上がりした高い値段で売ること」によってもたらされる。しかし、その株価は、基本的に会社が生み出す「利益に連動」する。その会社の利益は、会社の事業、その事業に一所懸命取り組む社員や取引先、顧客さらには社会や自然環境との関わりのなかから生み出される。社員の給料や取引先への支払い、国や地方自治体への納税もまた、事業を通じて生み出した「付加価値の分配」にほかならない。

こうしたことに気づいたときに忘れてはならないことがある。**投資のリターンは、投資先に関わるすべての人によってもたらされている**ということだ。そして、この循環が続いていくためには、ただお金を増やすことだけを目的にする投資ではなく、投資するお金がいかに社会をつくっているかという視点が必要となる。

第3章

経済の海と金融クジラ

誤作動を起こしやすい金融市場

この章では、「お金を増やす」ことだけを目的とした投資が、なぜ「社会をよくする」と言えないのか、構造的に見ていこう。金融機関による大規模な投資も、個人の投資も根本でつながっていることを念頭に、読んでほしい。

1970年代までの経済危機は、どちらかというとモノを過剰に作りすぎて投資にブレーキがかかったり、消費意欲が減少したり、原油価格の上昇による物価の急騰など「実体経済における」生産と消費のアンバランスから生じるものだった。

一方、僕が投資に関わるようになった1980年代後半以降の経済危機を見ると、1987年のブラックマンデー、1990年の日本の株式・不動産バブルの崩壊、1997年のアジア通貨危機、1998年のロシア通貨危機、それらの通貨危機に端を発したヘッジファンド会社LTCM(ロング・ターム・キャピタル・マネジメント)社の破綻、２００１年のＩＴバブルの崩壊、２００８年のサブプライムローン問題に起因するリーマンショックなど、経済危機は「お金を増やすだけの投資」に端を発している。

このことからも、近年では、１９８０年代から加速した金融と経済のグローバル化と、金融市場が持つ構造的要因が、経済や社会を不安定化させていると考えるべきだろう。では、なぜ金融市場に端を発する経済の混乱が、このようにしばしば起きるのだろうか。

巨大な金融クジラが大きくなる資本主義

産業革命以降、工業化が進みモノの生産能力が一気に高まった。豊かさや便利さを実感すると、人はより多くのモノ、さらにいいサービスを求めはじめる。

その結果、大量生産―大量消費型の経済循環のサイクルが生まれた。労働者の雇用や賃金も伸び、個人消費と設備投資の拡大が経済を牽引《けんいん》する。

こうした資本主義経済の仕組みのなかで、会社同士が分業化し、さらに会社のなかでも一人ひとりの労働が細分化された。

その結果、人が働く目的は「物質的に豊かになること」、またそれを実現するために「より多くのお金を稼ぐこと」になっていく。こうしてお金が自己承認欲求を満たす重要な物差しになっていったのではないだろうか。

1980年代後半、先進諸国で一通り生活に必要なモノやサービスが行きわたるようになると、大量生産―大量消費を前提に経済を拡大させるスピードは鈍化する。その一方で、いままでの経済活動で積み上げられてきた、人や会社の余ったお金は、行き場を失った。

それが金融市場のなかでお金を増やそうと、投資にまわる。人や会社のお金を預かり、いずれそれを増やして返さなくてはならない銀行や保険会社、年金の運用もまた然《しか》りである。

ほぼ時を同じくして、1991年に東西冷戦が終わり、資本主義経済のグローバル化が進むと、投資マネーは一気に世界へと広がりをみせた。

こうして、金融市場を代表する株式市場だけで見ても世界の株式時価総額は、今世

図7．実体経済より大きくなろうとする金融クジラ

紀に入って約4倍になった。2023年時点で約108兆ドル（約1京5千兆円）にふくらんでおり、この金額は、世界の経済規模（GDP）とほぼ同額だ。さらに債券や不動産、商品なども含めるとざっと3倍ものお金が、金融市場のなかで少しでも高い利回りを求めてうごめいている。

たとえるなら、経済という海のなかで金融市場という巨大なクジラが海の大きさ以上に大きくなろうとしているようなものだ（図7）。金融市場という巨大なクジラが少しでも暴れると経済という海は荒れ、海の中の生態系（いわば社会）も崩れてしまう。

それが金融危機だ。

実体経済のなかで循環するお金よりも、金融市場の中だけで増殖しようとするお金が増えると、経済の潤滑油であるはずのお金が、逆に、経済や社会を不安定化させる要因になる。１９８０年代後半以降の金融ショックは、それが表面化したものであり、そのリスクは今後も常に持ち続けることになるだろう。

なぜ、「クジラが海の大きさ以上に大きくなる」ことが可能なのだろうか。現実の経済と、金融市場に3倍もの乖離が生まれるのだろうか。もう一度、あなたが出資をした友人の会社のストーリーに戻ってみよう。

株価とは「人の心の動き」である

あなたが友人の会社に出資をして10年が経過した。友人は経営者としての手腕を発揮し、難しい事業ながら会社を成長させることに成功した。耕作放棄地の活用も進み、無農薬栽培によって蘇った土壌に多様な生き物が生息するようになった。過疎だった地域にも移住者が増え、活気づいてきた。友人と同じように衣服の大量廃棄に心を痛めていた人気のファッションモデルが、「シャツを愛用している」とSNSで発信してくれたことを1つのきっかけに、ブランドのファンもついたようだ。

あなたは配当金を手にし、出資した100万円の株主資本は、いまでは利益の内部留保が年々たまり200万円に増えた。

あなたは、投資家として友人の事業の成功に貢献しただけではなく、その事業を通じていい社会づくりに役立ち、経済的なリターンも得ることができたことに満足していた。投資のリターンは人や社会とのつながりの中から生み出されること、投資にはお金を増やすだけではない価値があることを実感した。あなたの出資した100万円がなければ、この世界は見られていなかったかもしれないのだから。

投資家として一定の役割を果たしたと実感しながら、あなたは家の購入のため、友人の会社の株式を売却して頭金にあてたいと考えはじめていた。

出資したときに取得した株式はいったいいくらで売れるのだろうか。

株式の「適正価格」

株式を売買するときの価格が「株価」である。「お金を増やそう」とする人の欲望が集まりやすい、株式市場の主人公だ。「株価」すなわち株式の値段とはいったいどのように決められるのだろうか。

株価を算定する方法はいろいろあるが、実のところ正解はない。また同じ考え方で算定しても、前提条件のおきかたで結果は大きく異なるだけに、株価は一物一価《いちぶついっか》にはならない。

そのなかでも、会社が事業を通じて利益を生み出し続けることを前提として、株主に還元することが可能なキャッシュの総額を現在の価値に換算したものを「適正価格（フェアバリュー）」の目安にする考え方が一般的だ（図8）。

図8．会社の事業からみた適正株価のイメージ

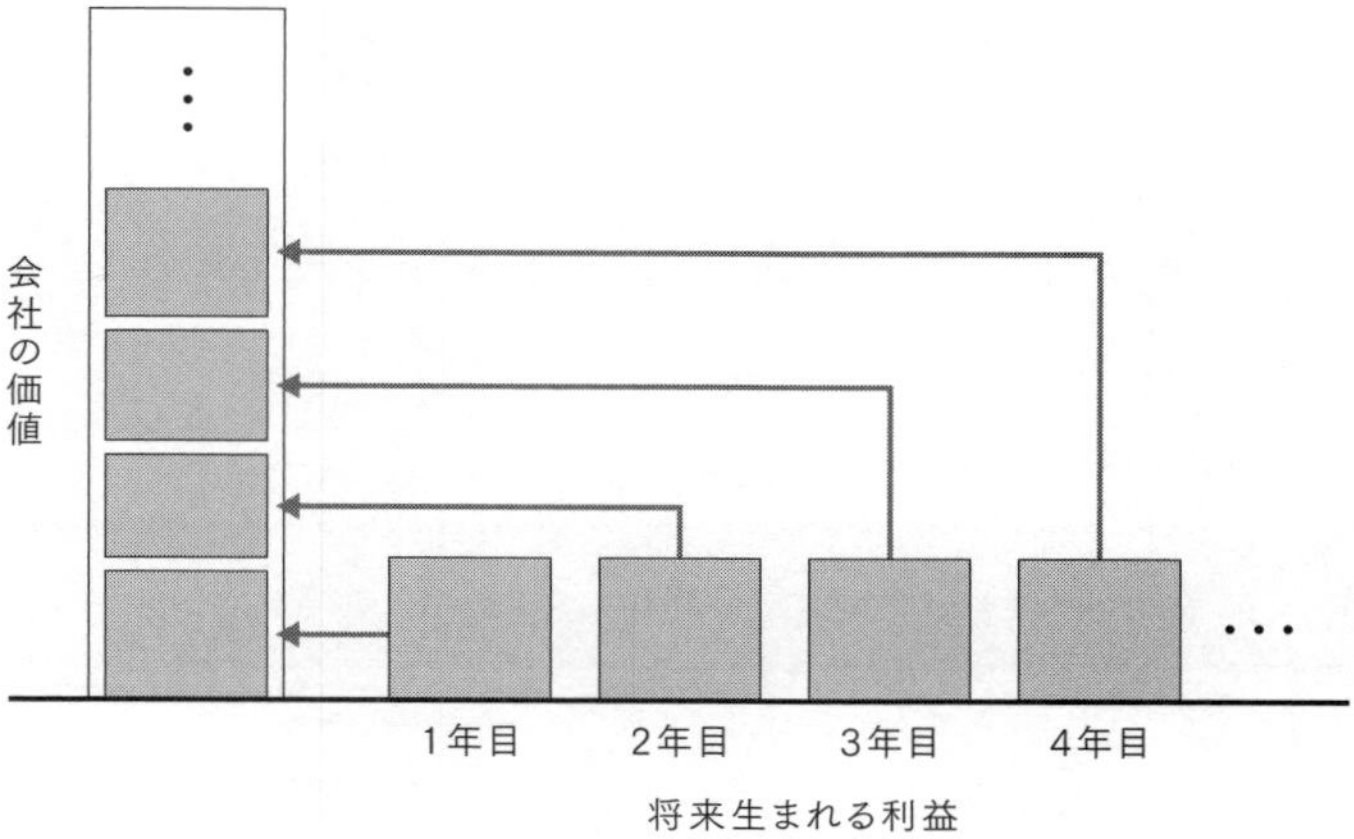

会社の価値≒将来生まれる利益を現在価値に換算した値

たとえるなら、アンティーク家具を売買するときに、現在価値ではなく「将来上がる（下がる）であろう価値」でやりとりするようなものだ。あるいは、転職時に、現在のスキルではなく将来のスキルをもとに年収の交渉をするようなものだ。

「友人の会社」を例にして見てみよう。友人の会社は、株主からの出資金である株主資本を原資として、いままでの実績を勘案《かんあん》して毎年10％の利益を生み出すことが予想された。* 会社は、そのうち、50％を配当金として株主に還元し、残りの50％を内部留保として株主資本に上

＊単純化して税引後の利益＝現金とする

図9．適正株価の計算例

（単位：円）

		1年目	2年目	3年目	---	n年目
①	利益の元となる株主資本	2,000,000	2,100,000	2,205,000		
②	株主に分配可能な利益 ①×10%（株主資本に対する利益率10%と仮定）	200,000	210,000	220,500		
③	配当金（利益の50%と仮定） ②×50%	100,000	105,000	110,250		
④	内部留保（利益の50%と仮定） ②×50%	100,000	105,000	110,250		
⑤	②を現在の価値に割り引くと（株主の期待収益率10%で割り引いた金額）	181,818 $\frac{200000}{(1.10)}$	173,554 $\frac{210000}{(1.10)^2}$	165,665 $\frac{220500}{(1.10)^3}$	---	

現在価値合計　約360万円

乗せする方針を示している。

そして将来生み出す利益を現在の価値に換算する際に、株主が「期待する」投資利回り（期待収益率）を用いる。これを年10％と仮定しよう。

かなり大ざっぱな前提だが、あなたが現在保有する200万円の会社の事業価値はおおよそ360万円になる（図9）。これが「適正株価」の目安だ。＊＊

成長プレッシャーの正体

あなたが株式の買取について社長である友人に相談したところ、友人は、創業当時から投資家として支えてくれたあなたに感謝し、この金額で株式の買取を快諾してくれた。友人からすると、360万円という購入金額はけっして安くはないが、いまの利益成長を前提とすると15年もあれば回収できるので、妥当な水準だと判断したのだった。

交渉成立だ。再びたとえるなら、「アンティーク家具が、毎年10％値上がりすると読み、15年後に360万円で売れると踏んで買い取った」ということだ。[***]年収の例でいえば、15年後にあなたが会社に提供できる価値を、いまの年収に織り込むようなものだ。毎年10％上がることを期待されているとしたら、もちろんあなたへの利益貢献プレッシャーは強くなるだろう。

この「期待された10％成長」を織り込んだ株価が、株式会社やその経営者、そこで働く雇用者にかかる「成長プレッシャー」の正体だ。

ここであなたは株価という雲をつかむような存在がどのようなものかを理解する。

＊＊事業以外の金融資産や返済を要する負債などがないとする
＊＊＊厳密にいえば、アンティーク家具は15年の間キャッシュを生まないなどの違いはある

・株価は、将来の利益に対する「期待」と、その実現可能性が決め手になること
・株価は、算定方法に左右されるため一物一価ではないこと
・株価には、将来利益への「期待」が織り込まれているため、将来成長するプレッシャーがかかりやすいこと

「お金を増やす」渦《うず》の流れはわかりやすくかつ強力なため、個人で投資をする際にも、その指標に疑いを持つことは難しかったはずだ。

そして、そうした構造がしばしば誤作動を起こして金融危機を招いたり、さまざまな社会課題を誘発したりしているように感じられてならない。

実体経済からの乖離《かいり》が生じやすい株式市場

友人の会社の事業を熟知するあなたであれば、会社の価値と株価とのつながりをなんとなく実感できる。しかしこれが株式市場で売買するとなると、その実感を得るこ

とは容易ではない。次はそのことについて見てみよう。

株式市場とは

日々のニュースなどで、モニター画面に刻々と変動する株価が映し出される株式市場の様子を目にしたことがあるかもしれない。お金の貸借やさまざまな有価証券の取引を行う金融市場のなかでも、証券取引の中心的な役割を担っている市場が「株式市場」である（次ページ図10）。

また株式市場とは、次の2つの機能を持つ金融市場だ（同図11）。

発行市場 長期で安定した事業資金を確保するため、会社が新規で株式を発行する

流通市場 すでに誰かが保有する株式の売買を行う

その2つの役割を担っている場所が「証券取引所」だ。

図10. 各「市場」の関係

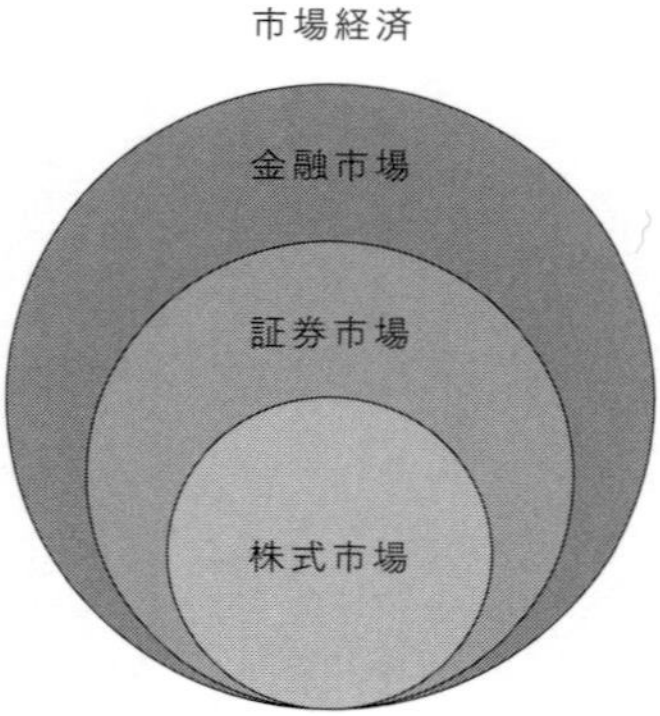

図11. 株式市場の2つの役割

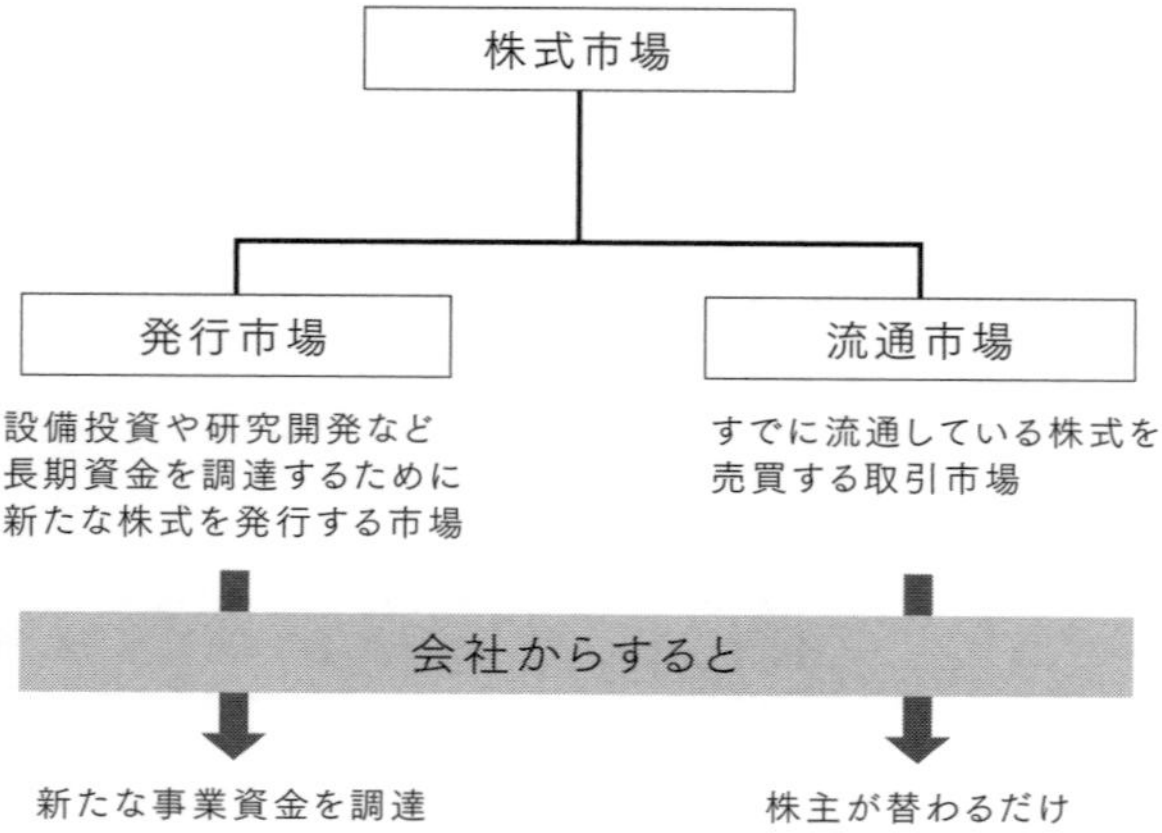

図12. 株式市場としての証券取引所の役割

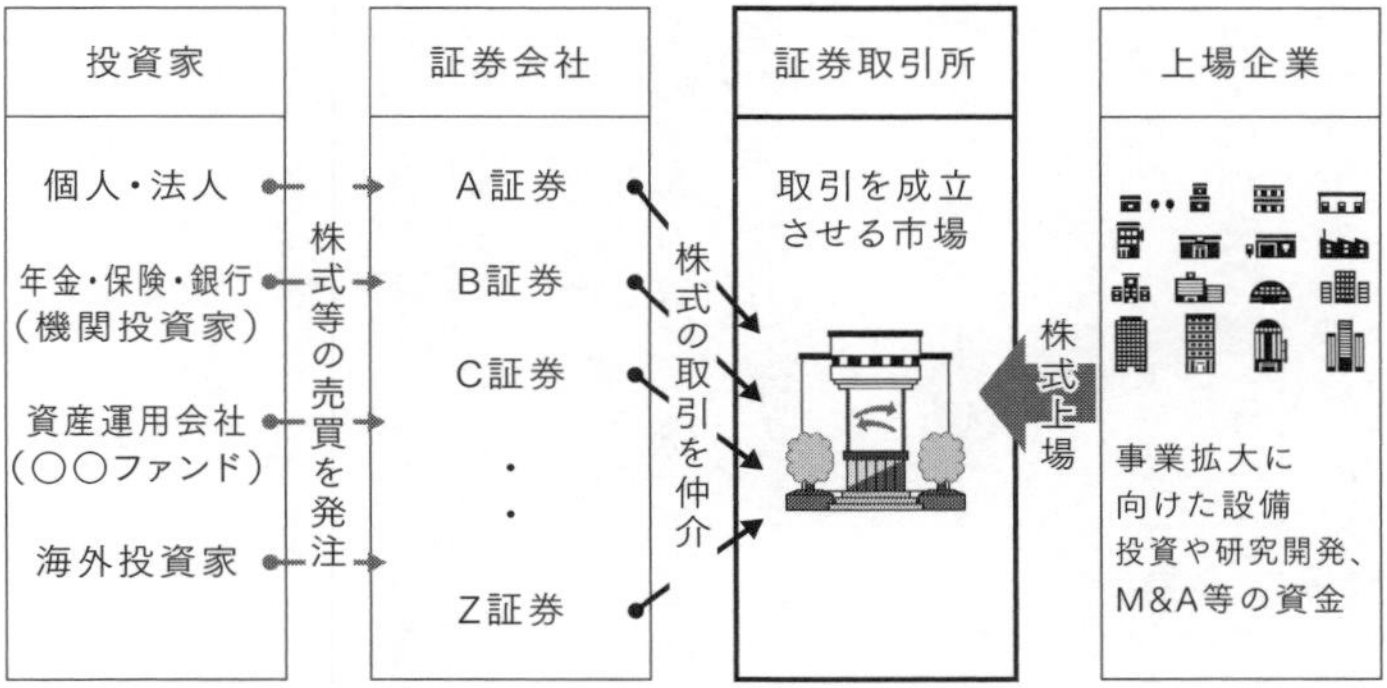

取引の自由が保障された場を市場という。証券取引所もその1つだ。証券取引所には、株式を買いたい人の注文と売りたい人の注文が証券会社を通じて集まり、売りたい値段と買いたい値段、その株数が合致すれば取引が成立する（図12）。

この「売りたい値段」と「買いたい値段」が、先ほどの「値上がりや値下がりの期待」であり、**どのような期待をするかは人によって異なる。**ある事業に対して、人口減少を機会と見る人もいれば、リスクと見る人もいる。日本経済に対しアメリカの大統領選の影響が大きいと見る人もいれば、関係ないと見る人もいる。株価が常に変動するのはそのためだ。

証券取引所で取引される会社の株式を「上場株式」という。多くの人から資金を調達したい会社、知名度や信用力を得て事業を拡大したり優秀な人材を獲得したいと考える会社、家族経営から脱却し永続する会社経営に移行しようとする会社などが上場に名乗りを上げる。なかには事業家としての名声や創業者利益を得たいと考える経営者もいるだろう。

現在日本では厳しい上場審査を経た約4000社の株式がその対象となっている。先ほどの友人の会社も株式市場に上場すれば、株価は市場で決まり、面倒な株価算定をしなくても自由に株式を売買できるようになる。

投資が「マネーゲーム」と言われるわけ

株式市場は、株主としての権利を市場を通じていとも簡単に売り買いできるがゆえに、あなたが投資家(株主)として友人の会社との間で築いてきたような信頼関係や共感を、株式市場で投資した会社と築くことは難しい。

株式会社や株式市場は、自由に取引できる一方で、会社の直接的な所有者である株主と会社、社会との関係を分断する。そのため、会社をしっかりと支え応援する投資家ではなく、お金を増やすこと、株価が上がることを期待する人のお金が集まる構造になりやすい。もちろん、しっかりと会社の価値を理解して投資する投資家もいるが、割合からすると多くはない。

そこに「実体経済からの乖離が生じやすい株式市場」の問題がある。

たとえば、あなたがネット証券を利用して国内にあるAという会社の株式を100株30万円で買ったとしよう。ネット証券は、その注文を証券取引所に出し、売り手と買い手の取引条件が合致したところで取引が成立する。その相手方は、あなたの知らないBさんで、お金はあなたからネット証券を経由してBさんへとわたり、株式はBさんからあなたへと移る（図13）。言ってみれば、**単なるお金の移動と株主の移動で、A社からすると新たな事業資金が入ってくるわけではない。**

2023年の日本の株式市場をみると、1日当たりざっと20億株、金額にすると

図13. 株式売買とは株主の移動

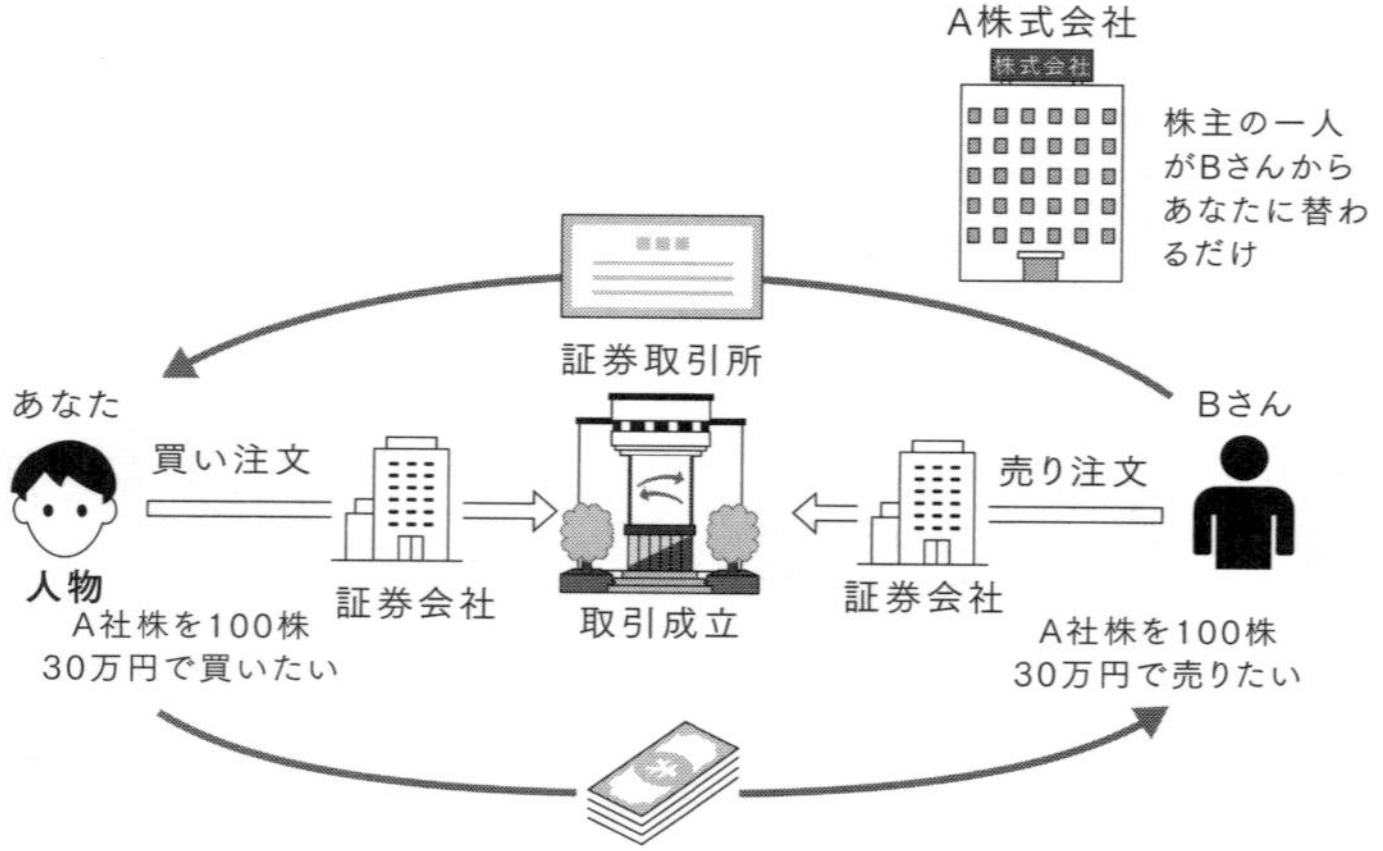

４兆円の取引が行われている。年間では、なんと１千兆円もの株式とお金がただ右から左へと動いていることになる。１年間で上場会社の株主ががらりと入れ替わる規模の取引量だ。

　金融市場を通じた株式投資は、手数料や税金を除くと、購入する人が支払う金額と売却する人が受けとる金額は等しいので、社会全体でお金が増えることはない。あなたが１００万円儲かったとすると、誰かがどこかで１００万円損をしたり利益をとりそこねたりしている。株式投資が「マネーゲーム」と言われる所以《ゆえん》がそこにある。

　このように証券市場を通じた投資は単に

Ａさんから Ｂさんにお金が移ったにすぎず、会社からすると株主が替わるだけで、成長に必要な新たな事業資金が入るわけではない。

２０２３年に発行市場を通じて企業が「新たに」調達した資金は10兆円に満たなかった。

▼「嫌なら株式を売ってもらって構わない」

このように書くと、株式市場を通じて株式を買ったとしても、ただ株主が入れ替わっただけでＡ社に貢献することも、社会に貢献することもないといった声が聞こえてきそうだ。しかし、けっしてそうではない。

会社にとっては、新たに発行する株式にお金を投じてくれる株主であろうが、流通市場を通じて株式を保有してくれる株主であろうが、会社の経営理念や経営方針に共感する株主の存在がありがたい。利益が出ない時期も、会社の成し遂げたいこと、やるべきことを信じて株式を保有し支えてくれる株主の存在は貴重だ。

ただ株価や配当金を上げることを求める株主と異なり、そうした株主の存在は、長期的に見れば、会社の価値にプラスの影響を及ぼす。

実際の例をあげると、鎌倉投信の投資先であるサイボウズ（東京都・東証プライム上場）は、かつて事業拡大による成長戦略から脱却し、事業を縮小してグループウェアに特化することを株主に宣言したことがあった。当時の株主は、青野社長の経営方針を批判したが、青野社長は「嫌なら株式を売ってもらって構わない」とひるまなかったという。結果的に、株価を上げることだけを求める株主は去り、経営理念に共感するファン株主が増え、そこから会社は急成長を遂げた。

志を持つ経営者は、価値観が合わない株主に対して、堂々と株式の売却を促せばよい。株価が下がるリスクを恐れて、経営者が株主の顔色をうかがい、株価を上げるため「だけ」の経営をしはじめては本末転倒だ。本当に価値観を共有できる株主とともに、本質的な株式価値を高めることが経営の王道である。

株式市場のエサとなる「欲望」と「恐怖」

証券取引所で取引される株価は、実態としての会社の価値は変わらないにもかかわらず一日のなかでも刻々と変化する。あなたの働く会社の株式時価総額が「今日は100億円、明日は120億円」と言われてもピンとこないだろう。

しかし、お金を出資している投資家側は、値動きに心が動いて、買った値段よりも少しでも高い値段で売って利益を出したいという欲望に駆られたり、逆に、株価が値下がりをはじめると、もっと値下がりするのではないかと不安に駆られて売り急ぐ。こうした投資家にとっては、実態の価値よりも取引されている価格（株価）こそが重要となる。そして、その価格を決定づけるものが「期待」と「失望」だ。

あなたは、友人の経営者としての人柄を信じ、従業員が熱心に働く姿を見て「実態としての価値」を知っている。そしてその価値は、多くの人が長い時間をかけてつくり上げてきたことも。ところが、株式市場で投資をするとなると四半期ごとに開示される情報やＨＰ、各種のメディアから得られる情報を見るしかなく、本当に意味のある取り組みをしているかどうか、共感できる経営理念を実践しているかどうかといった実態を肌で感じることは難しい。

そこに「時間軸」の違いが生まれる。**株式市場を代表とする金融市場では、会社の**

図14. 株価を動かす期待と失望

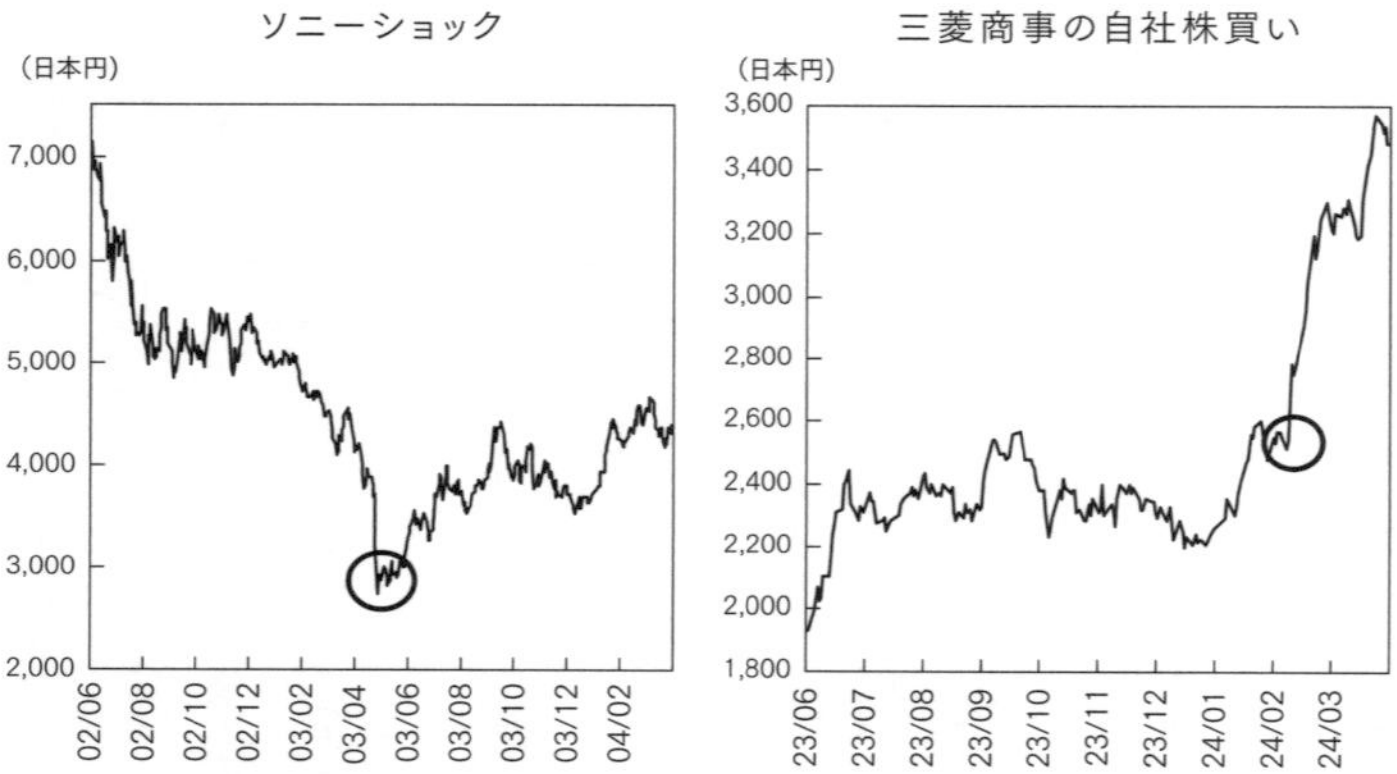

資料：NewsPicks作成（ソニーグループ［2002年6月1日～2004年3月31日］、三菱商事［2023年6月1日～2024年3月31日］）

事業が「実際に価値を生む時間の長さ」とは関係なく短期間で売買できる。そのため、「いかに短期間で投資したお金を効率的に増やして回収するか」に意識が向いてしまうのだ。

たとえば、個別企業の業績発表の直後に激震が走ったケースでいえば2003年4月に起きたソニーショックだろう。ソニーが発表した前年度の営業利益見通しが1854億円と前期比で38％増となったものの、予想よりも1千億円下回る結果となったことから投資家の失望売りが殺到し、株価はわずか2営業日で30％近く急落したのだ（図14）。

そうかと思うと突然株価が上昇するケースもある。たとえば2024年に入ってからの三菱商事の株価だ。2024年2月に三菱商事が発行済株式数の約10％に当たる5千億円を上限に自社株買いを行うと報じられたのだ。自社株買いが行われると株主資本に対する利益率が高まり、株式還元が今後より一層高まることが期待される。その報道以降、わずか2週間で三菱商事の株価は30％上昇した（図14）。これこそが、前述した「あなたの働く会社の価格が、今日は100億円、明日は120億円」という実態を伴わない世界だ。

▼海におさまらない「金融クジラ」

それが行きすぎると「期待」は「熱狂」となってバブル化する。また、「失望」は「恐怖」となって金融ショックを招く。

その典型が、1990年代後半から2000年代前半にかけてアメリカを中心に起きたITバブルとその崩壊だ。これからはインターネットの時代だと誰もが信じはじめたとき、IT企業が多く組み入れられたNASDAQ《ナスダック》100指数に期待と欲望のお金が集中し、1997年から2000年のわずか3年間で一時5倍近く（年平均80％）

図15．ITバブル期の
NASDAQ100指数の推移

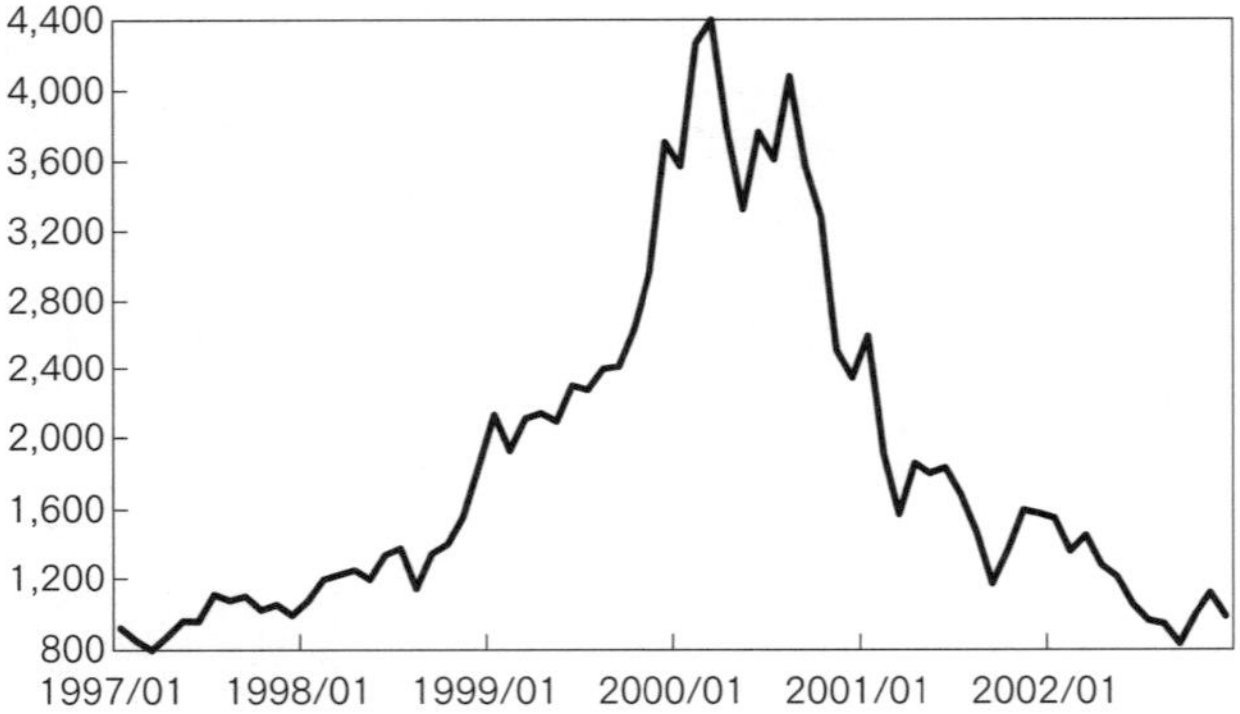

資料：Bloomberg

まで上昇した（図15）。

こうなると、投資家からすれば実態が見えないぶん、「買った株式をいかに高く売りぬくか」が勝負のわかれ目となる。

そして、実態が伴わない株価はやがて高止まりし、その後わずか2年のうちに高値から80％値下がりした。「期待や不安」を通り越して、「欲望と恐怖」が引き起こした株価の典型だろう。

株式市場は、長期的には実態としての価値が反映されるが、短期的には、このように人の期待と不安、欲望と恐怖をエサにした生き物のように暴れることがしばしばある。少々極端な言い方をすれば、市場原理の名のもとに、極めて巧妙に誘

図16. 株価を動かす期待と失望(株価のイメージ)

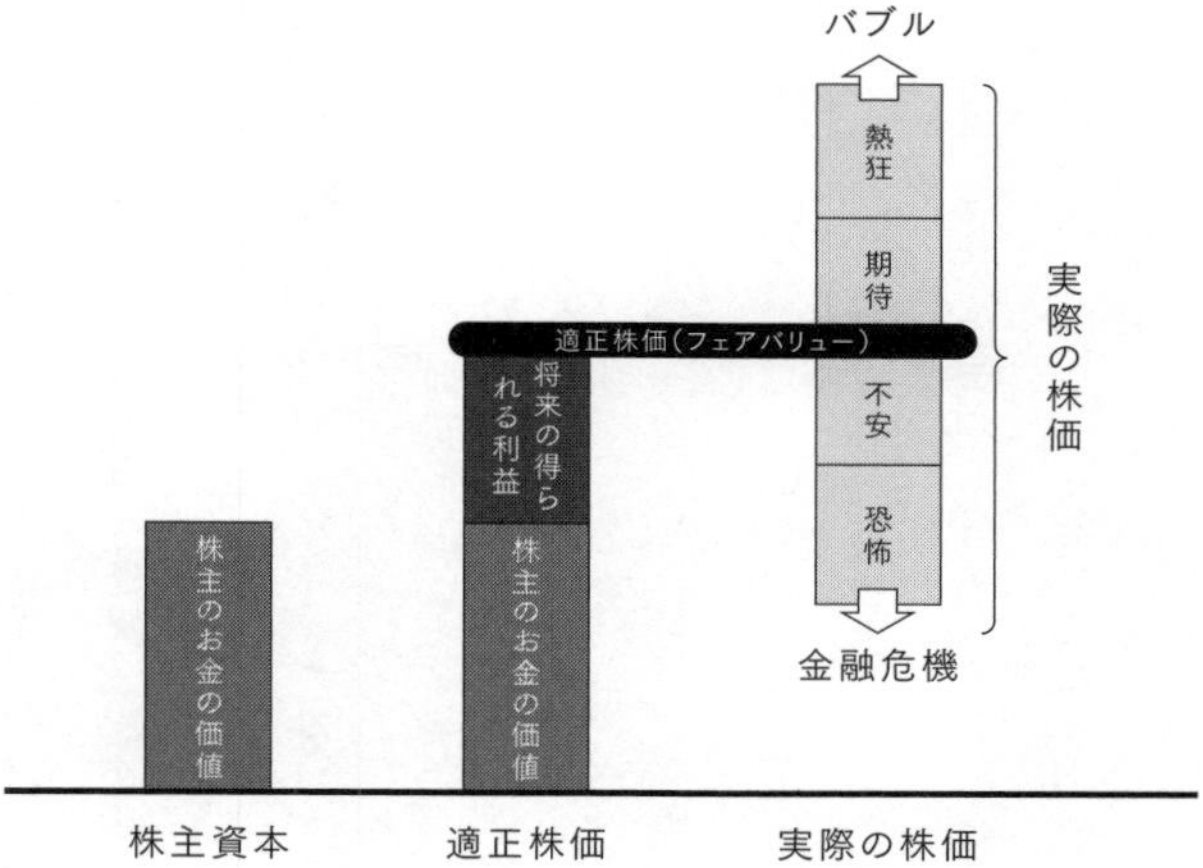

惑のメカニズムができあがっているともいえる。

こうなると株式市場は、長い時間のなかでは実態としての価値に連動するが、短期的には期待と不安、楽観と悲観が絡み合い不安定になる(図16)。

いま、世界中でふくれ上がった金融資産は、世界の経済規模を表すGDPや、世界の株式全体の市場規模の3倍以上だ。金融資産は、さらに増えることを求め世界の金融市場にあふれる。これが経済という海におさまらない大きな金融クジラのように映る。この大きくなろうとする金融クジラが、過剰な資金流入によってバブル化して暴れたり、地底のマグマのようにどこかに「期待」のお金が集まりすぎて破裂すると、世界の金融市場はパニックに陥る。しばしば起きる金融危機である。

こうしたことに陥りやすい金融市場の構造については、次の章で見てみよう。

価値の循環がリターンをつくる

2、3章で友人の会社への投資の例を通じて見てきた、「投資が持つ意味」をまとめてみた。

1. 投資とは、いまお金を使わない人（あなた）から、いまお金を必要とする人（友人）にお金を託すこと
2. そのお金は、未来に向けた何かのために使われること
3. リターンは、投資した会社の経営者や社員の努力によって生まれること

投資は、社会と経済、いまと未来をつなぎ、価値を生み出すためにある。投資した

会社が社会を豊かにするなかで、人に必要とされ経済的な価値が循環しはじめたとき、あなたのお金は増えて手元に戻ってくる。それが、投資の本来の姿であり、良くも悪くも社会を形づくるものなのだ。

第4章

「欲望」が集まる金融市場の構造

インデックス運用はいい未来をつくるか？

あるとき僕の30歳前後の子どもたちと投資について話をする機会があった。彼らは、成人する前からお年玉などで「結い２１０１」に投資をしてきたが、社会人になって収入が増えてくると、世界の株式に幅広く分散投資をする全世界株式《オール・カントリー》インデックス商品への投資もはじめ、しっかりと資産形成に取り組んでいる。

いま、個人投資家の間では低コストのインデックス商品は人気だ。

「インデックス（指数）運用」とは、ＴＯＰＩＸ（東証株価指数）や日経平均株価指数、世界でいえば米国のＳ＆Ｐ５００指数、全世界の株式市場全体をカバーする全世界株式インデックスなど、対象となる指数を構成するすべての株式に丸ごと投資するシンプルな投資手法をいう。

運用者が投資先を調査したり、投資先の特性に応じて投資比率を調整したりするなど、負担となることをしないぶん、手数料が安い。経済全体が右肩上がりで順調に成長したり、金融緩和でお金が金融市場に流れやすい状況下では、株式市場全体が右肩上がりで推移するので、リターンも良好となる。

僕も30年前は、インデックス運用を行っていたので、こうした投資商品の良さは十分に知っている。

子どもたちに、「なぜ投資をするのか」と尋ねると、「銀行にお金を預けても増えないから」だという。仕事は自営業ということもあって、将来の生活が保証されていない漠然とした不安があることも察しがつく。

次に、「なぜ全世界株式インデックスを選んだのか」と尋ねた。

「運用成果が良好で、効率的にお金を増やせそうだから」という理由だった。他にこれという投資商品が見当たらないという消極的な選択肢とも受けとれた。

たしかに、数多くある投資商品や株式の中から自分に合ったものを選ぶことは容易ではない。そのため僕も、経済が右肩上がりで順調に推移するうちは、シンプルでわかりやすく、成果を得やすいインデックス型の投資商品を選択することはよいと思っている。

ただ、やはり「お金（数字）しか見ていない」「これだけ買っておけばいい」過去の運用実績を見て「投資は儲かるもの」という単純化された思考でお金が動くことに対しては、これでいいのだろうかと違和感を抱く。

株式型のインデックス運用は、「いかにお金を増やすか」という観点ではたしかに効率的だが、「社会にいい投資か」と問われると、僕の答えはノーだ。

理由は2つある。

①玉石混淆《こう》の丸ごと投資

理由の1つは、インデックス運用は、原則として対象となる株式指数に組み入れられるすべての会社の株式を購入するので、いわば玉石混淆の「丸ごと投資」であることだ。

たとえば、日本のTOPIXの値動きに連動するファンドに投資をすることは、その指数を構成する2千社以上の株式に時価総額の比率に応じて投資をすることを意味し、米国の代表的な株価指数であるＳ＆Ｐ５００の値動きに連動するファンドであればニューヨーク証券取引所など米国の株式市場に上場している代表的な会社約５００社に投資をすることを意味する。

そうした会社のなかには、もちろん社会から見ていい会社もあればそうでない会社も含まれ、あなたが好きな会社もあればそうでない会社もある。しかし「そうでない会社」に対して、投資家が経営について積極的なはたらきかけを行うことは難しい。

会社経営の最大の目的は「人や社会の幸せの追求と実現」であると僕は思う。会社が「社会の公器」といわれる所以はそこにある。会社の業績の追求は、その経営目的を正しく果たすための手段にすぎない。こうした責任を自覚して努力を重ねている会社も間違いなく存在するが、そうでない会社も「丸ごと投資」の中には数多く存在するのが現実だ。

投資家もまた、会社が社会を幸福にするための取り組みをサポートし、そうした努力をする会社の価値を、長い視点で高める役割を果たす存在であってほしい。しかし残念ながら、インデックス運用の場合、投資先の数が多すぎて運用者がそのようなは

図17. 世界の株価とGDPの推移

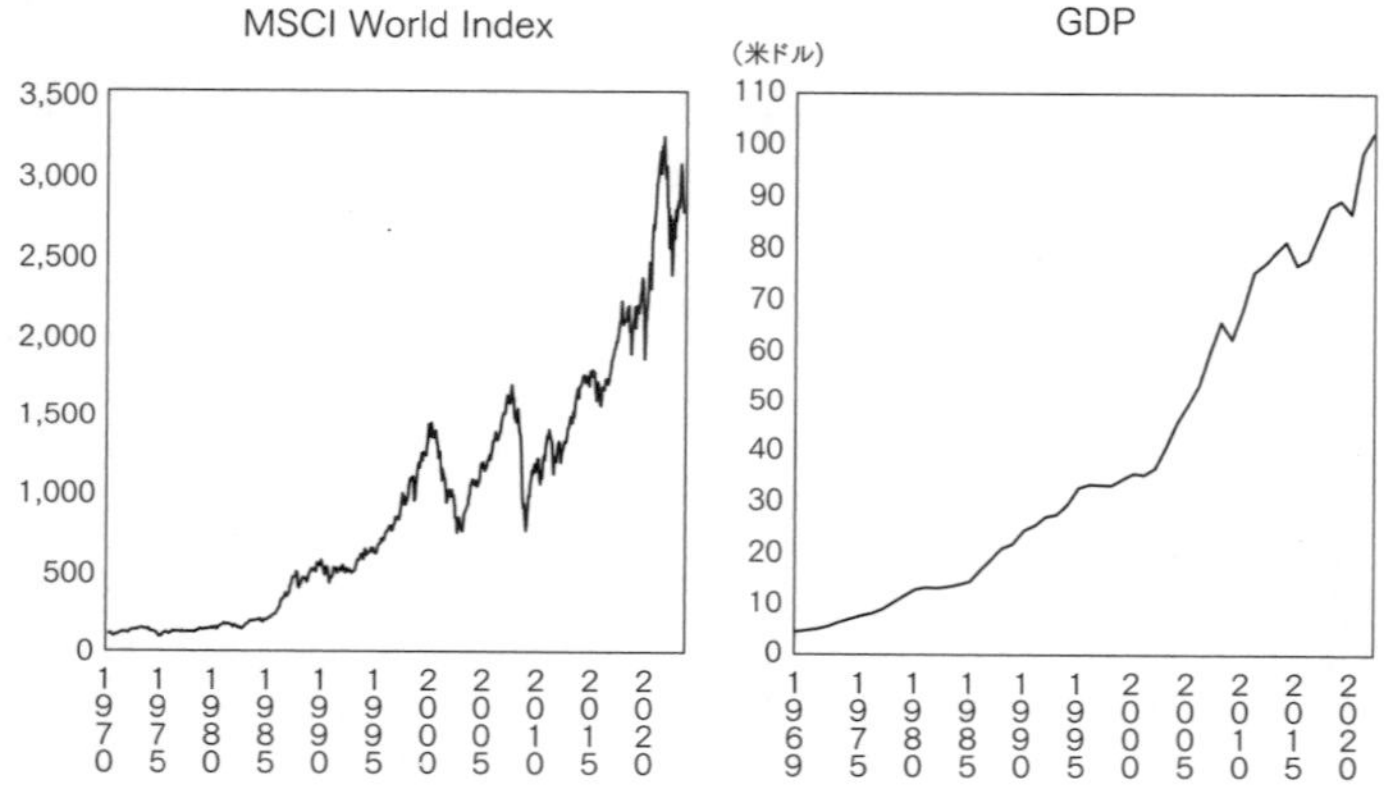

資料：Bloomberg、世界銀行

たらきかけを行うことは事実上不可能だ。

また、市場指数に連動させるインデックス運用の運用者に期待される能力と、百戦錬磨の経営者とともに会社の本質的な価値をいかに高めるかについて対話を重ねる能力とはまったく異なる。

②経済成長のジレンマ

次に、そうしたすべての企業への投資から良好な運用成果を得るためには、経済全体が右肩上がりで成長し続けなくてはならない。**株価が上がるためには、GDPが増え続けなければならないのだ**（図17）。

たとえば、TOPIXが上昇するためには、そこに組み入れられている2千社を合わせた売上、利益が伸び続けなくてはならない。全世界株式インデックスが上昇するためには、世界を代表する大手企業を中心に3千社の売上、利益が伸び続けなくてはならない。つまりインデックス運用は、どうしても規模の経済を追い求める宿命にある。

それは実現可能だろうか。仮に実現できるとしても、そのプレッシャーの蓄積は、気候変動など人類が直面するさまざまな課題を生み続けている。たとえばGDPの成長と、CO_2の排出量の伸びの相関は、しばしば指摘されている。「気候変動に関する政府間パネル（IPCC）」が2021年に公表した第6次評価報告書は、1970年以降、過去2千年にわたり経験したことのない速度で世界平均気温が上昇していることなどを科学的に分析しながら、「人間の影響が大気、海洋及び陸域を温暖化させてきたことには疑う余地がない」と明記している。

経済成長を追い求めることは、投資のリターンを前取りして、大きなリスクを先送りしているようにも思える。

そんなことを考えると、「経済規模が拡大し続けることを前提とした投資が、いい未来につながるか」という問いに対する僕の答えは、やはりノーだ。この問いには、本章の最後にもまた戻ってくる。

「社会をよく」しない金融市場の構造

2024年2月、日経平均株価は、1989年12月につけた史上最高値3万8915円を更新した。1989年といえば、僕が初めて投資の現場に身をおいた年だ。その当時、隣のグループにいた株式の運用者がどんどん値上がりする株価ボードを見ながら「神風が吹いている」と株式市場の熱狂ぶりを口にしていたことをいまでも鮮明に覚えている。そこから投資や資産運用に関わる業務の経験を積み重ね、今年で36年目を迎える。

正直、この仕事が楽しいと思ったことは一度もない。投資に長く携わりながらも、これから先どのような市場環境になるだろうか、お客様の期待に応えることができるだろうか、といつも緊張と不安が入り混じる。世界の経済や金融市場という誰もコントロールできない怪物に対峙《たいじ》しながら、突発的に起きる戦争、予測不能な地震やパンデミックなどの影響を受けつつも、お客様の大切なお金を預かり、増やすという責任を負っているのだから当然だろう。おそらく、他の運用者も同じ心境ではないだろうか。

ＧＤＰで表される実体の経済と乖離した不安定な金融市場は、しばしば経済の混乱を引き起こす。前章で株価の仕組みを見てきたように、そこには、効率的にお金を増やすためだけの投資は「社会をよくする」とどうしても言えない、金融市場の構造的な問題がある。

１つには、巨大な金融クジラは、自分の大きな体に合うように住み家である経済という海を大きくしようとする。そのため、資本主義の構造の中心的な役割を担う「会社」に対して、売上・利益・株価を高めるよう常にプレッシャーをかける。

ここに無理が生じると、環境問題や格差などの社会の持続性を揺るがしかねない問題につながる。金融市場では、株価を高めることが共通目的化しやすく、効率的にお金を増やすことを追求する投資理論が絶対視されることになるのだ。

また、短期的な利益志向に陥りやすい金融市場の構造が、短期売買やレバレッジといわれる金融取引などの手法により、それらを助長してきた。金融市場には、金融市場そのものを不安定化させる構造的要因を内包する。

整理すると、次のとおりだ（図18）。

社会問題を誘発するメカニズム

①株価を高めることが共通目的化しやすい金融市場
②投資の効率性だけを追い求める投資理論

金融市場の不安定化を招く手法の発達

③短期売買を誘引する株式市場
④レバレッジという打ち出の小づち

図18．金融市場の構造・課題・可能性

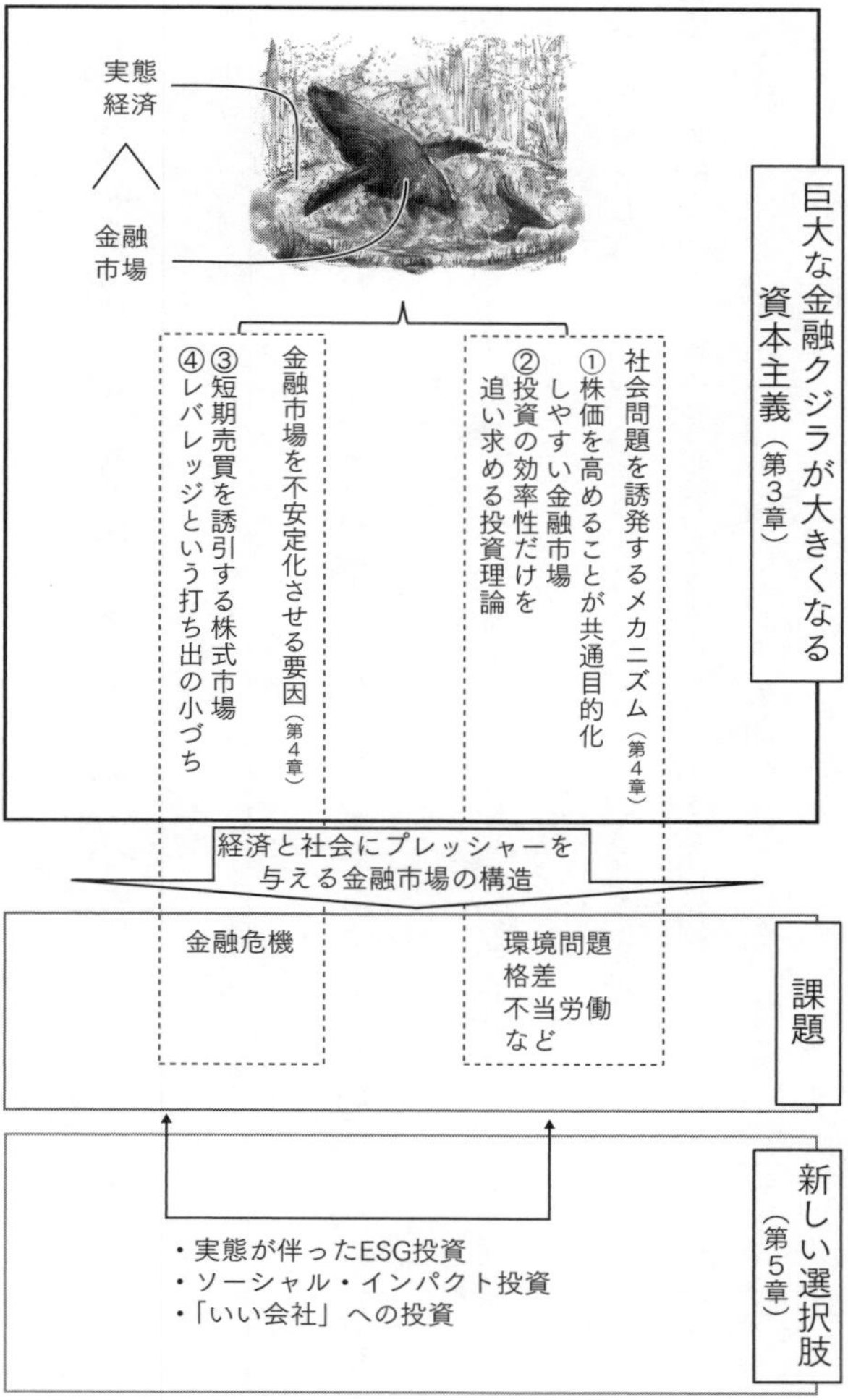

巨大な金融クジラが大きくなる資本主義（第3章）
実態経済
金融市場
社会問題を誘発するメカニズム（第4章）
①株価を高めることが共通目的化しやすい金融市場
②投資の効率性だけを追い求める投資理論
金融市場を不安定化させる要因（第4章）
③短期売買を誘引する株式市場
④レバレッジという打ち出の小づち
経済と社会にプレッシャーを与える金融市場の構造
課題
金融危機
環境問題
格差
不当労働
など
新しい選択肢（第5章）
・実態が伴ったESG投資
・ソーシャル・インパクト投資
・「いい会社」への投資

社会問題を誘発するメカニズム

1つひとつ紐解《ひもと》いてみよう。

①株価を高めることが共通目的化しやすい金融市場

金融市場は、投資家からすると、お金を増やすための証券取引の市場だ。その代表的な市場が、毎日ニュースで流れる株式市場だ。投資家は株価の値上がりを期待して株式に投資をし、会社の経営者は事業を通じて株式価値を高め、多くの経営者はそれに応じた報酬を得る。株式市場にお金が流れ、取引量や市場規模がふくらめばふくらむほど銀行や証券会社の利益も増える。その銀行や証券会社もまた、投資家から株価を上げることを期待される上場会社であることが多い。こうして、株価が上がることや配当を多く出すこと、つまり株主に多くの利益を還元することは、すべての市場参加者の経済的利害を合致させる。

もとより会社の存在目的は、株価を上げることなどではない。会社の存在目的は、会社に関わるすべての人の幸福を探求することにある。会社の利益も株価もその結果にすぎない。

しかし、人の幸福、豊かな社会というあいまいなものに多くの市場参加者の共通利益を見出すことは難しい。どうしてもわかりやすい数字、なかでも「株価」は、多くの人にとって何よりわかりやすい共通の尺度なのだ。

この経済的な動機付けを理屈のうえで正当化した考えかたが、「会社は株主のものであり、会社の経営者は、会社のオーナーである株主の利益をいちばんに考えるべきである」とする株主資本主義の考え方だ。この思想は、１９９０年代後半から欧米を中心に広まったが、投資マネーがふくらみ、投資で利益を得ようとする機運が強まってきたことと無縁ではないだろう。

この「株主利益ファースト」な考えかたの帰結が、２００２年に起きた米国大手エネルギー会社エンロン社と米国大手通信会社ワールドコム社の巨額不正会計による立て続けの倒産だった。この裏で経営者は多額の報酬を得、大手監査法人も不正会計に手を貸していた。

こうしたことを助長した背景として、あらかじめ決められた価格で自社の株式を購入できるストックオプションが短期的に株価を上げることを誘引したこと、経営者、金融機関、投資家といった市場関係者の癒着《ゆちゃく》の構造などが指摘された。お金を増やすことを共通目的化した金融市場の構造の1つの表れといえよう。

最近では、2019年の米経済団体ビジネス・ラウンドテーブルで「米国の経済界は、株主に対する長期的な利益の提供だけでなく、社員や地域社会などすべての利害関係者（ステークホルダー）に対して貢献する責任がある」とする声明が発表された。翌年2020年のダボス会議（世界経済フォーラム年次総会）でも、「ステークホルダー資本主義」への移行に焦点が当たったことは記憶に新しい。

株価を上げることを最優先に考える経営者はこのところ少なくなってきたと感じる。世界の経済をけん引するトップリーダーたちが「やっと当たり前のことを言葉にしはじめた」という思いもあるが、それでも会社経営の潮目《しおめ》が変わったことは間違いない。

その一方で、市場参加者にとって、株価を上げることが最大公約数であることに揺らぎはない。会社経営に対して強い発言力を持つ年金基金の多くは、「利益の増大」「企業価値の向上」を受託者責任の柱に掲《かか》げ、お金をいかに増やすかという意識を強く持ち続けている。個人を含め多くの投資家も然《しか》りだ。

利益の増大をめざすこと自体が悪いわけではないが、会社が株価を上げようとする背景に、たとえば、社員の雇用機会の喪失、下請け企業への執拗《しつよう》なコストカット要請、ブランド価値を守るための大量廃棄、大量の農薬使用による土壌の荒廃、不当な労働、日本の上場会社でもしばしば起こる隠ぺいや不正など、社会を劣化させる要因があるとしたら、「何のための会社なのか」と問いたくもなる。

こうしたなかでは、たとえ株価が上がったとしても、投資したお金が、いい社会、いい未来に向けて生かされていることにはならない。

何かの犠牲の上に成り立つ投資のリターンの中に、いい社会、いい未来をつくる力はない。会社が、自社のみの利益追求を超えて本気で社会や世界を良くしようと目的を持った経営に舵《かじ》を切りはじめたときに、**投資もそれを後押しするように変わらなければならないのではないか。**それこそが「利益の増大」「企業価値の向上」をともにめざす投資の真の姿だと僕は思う。プロの投資にも個人の投資にも、同じことが言える。

②投資の効率性だけを追い求める投資理論

投資について勉強するうえでオススメの本は何か？　とよく聞かれる。僕も繰り返し読んだ名著、チャールズ・エリス『敗者のゲーム』（日本経済新聞出版）や、バートン・マルキール『ウォール街のランダム・ウォーカー』（日本経済新聞出版）などは、世界的にも有名な投資のバイブル本だ。明確な数値に裏付けられた論旨は明快で、予測不能な未来を不完全に語るよりも遥かに高い説得力を持っている。

しかし、これらの著書のなかで決定的に欠けているものがある。金融市場の中、つまり金銭価値だけで論理が構成されており、「社会全体で投資が果たすべき役割」については目が向けられていないのだ。

投資商品の多くは、ノーベル経済学賞を受賞した米国の学者らによって確立され、こうした本のなかでも支持されている投資理論に基づいて運用されている。異なる2つの軸、すなわち投資する有価証券や投資商品の価格の変動を表す「リスク」と、投資したお金がどれだけ増えるかの「期待値（リターン）」を測ることが至上命題とされている。取るリスクに対して得られるリターンをできるだけ高くしようとする投資の考えかただ。それを「投資の効率性」と言ったりする。車でいえば1リットルのガソリンで何キロ走行できるか、といった燃費効率をイメージすればわかりやすいだろう。

投資の世界では、途中の経過はどうであれ、最終的には統計的に計算された「リスク」と「リターン」という2つの数字ですべてが決まるといっても過言ではない。世界中の優秀な運用者は、この2つの数字を計算し、「いかに効率的にお金を増やすか」にしのぎを削っている。そして、投資商品を扱う運用会社や販売会社、それを評価する評価会社、投資家、メディアのすべては、投資商品の良し悪しをこの2つの尺度で測ることに何ら疑問を抱くことなく、70年にわたって独特の世界観を築いてきた。僕自身も長く投資の世界に身をおく者として、この投資理論の説得力の高さはよく知っているつもりだ。

しかし、いまの時代変化のなかでは限界も感じている。この投資理論の完成度の高さゆえに思考停止に陥り、本来多様で、かつ社会や経済をよりよい形で発展させるための深みのある投資が、2つの数字で単純表現され、それ以外のものを見ようとしていないように感じるのだ。

投資の世界には「社会そのものをよくする」という軸は存在しない。近年注目されはじめたESG投資もまた、企業価値を高めるための指標として用いられている。結局、リスクとリターンで評価される世界から抜け出すことはできていない。

投資商品は、リスクとリターンというわかりやすい金銭的尺度でラベルが貼られ、販売会社の棚に並べられる。そのため投資商品の選択をするときには、「効率的にお金が増えそうか、手数料が安いか」にどうしても目が向いてしまうだろう。その結果、標準的で均質的な投資商品にお金が集中する。

投資の目的は本来多様である。個性や多様性、その背景にある「自分らしさ」が発揮できるはずなのに、そうはなっていない。リスク、リターンの枠にとらわれない「第3の軸」があってもいいと感じている（「第3の軸」についての詳細は次章にゆずる）。

金融市場の不安定化を招く手法の発達

金融市場は人の欲望を合致させ、効率よくドライブしやすい構造になっているだけでなく、それを可能にする「手法」も発達させてきた。代表的なものを見てみよう。

③短期売買を誘引する株式市場

金融市場とは、会社からすると、本来事業を発展・成長させるために必要なお金（資本）を調達するための市場だ。金融市場には、大きく「短期的な資金」を調達する市場と「長期的な資金」を調達する２つの市場がある。そのうち、長期的な資金を調達する市場が株式市場や債券市場だ。

いずれも、会社にとっては設備投資や研究開発など、長期の資金を調達するための市場だが、株式を発行して調達したお金は、債券で調達したお金と違って投資家に返済する義務はないため、会社としては、安心して長期の事業投資に振り向けることができる。

自動車メーカーＳＵＢＡＲＵ（東京都・東証プライム上場）が２０３０年までに死亡交通事故ゼロをめざして開発している「運転支援システムアイサイト」は、１９９０年から30年以上にわたって研究開発が続けられている。２０１４年にがん治療で革命を起こしたと高い評価を得た小野薬品工業（大阪府・東証プライム上場）の「オプジーボ」も20年近い研究開発期間があった。

本当に競争力のある商品や事業を開発しようとすると、10年、20年の時間を要することはザラだ。それを支えるためには、長期的な視点を持った投資家の存在がとても重要になる。逆に、短期的な利益を求める投資家からの圧力が高まると、こうした長期目線の事業を継続することは難しく、イノベーションを生む力が弱まる。

ところが、実際の株式市場をみると、新たに資金を調達するよりも、日々売り買いされる金額の方が圧倒的に多い。もちろんこのことだけをとって、お金を増やすことだけを目的とした短期売買が必ずしも悪いとは言えない。むしろ、株式市場にとって大切な役割を担っているといえよう。

たとえば、株式に投資をしたお金が、いつか投資家の手元に戻ってこなければ、そもそも株式に出資をする人自体がいなくなってしまう。当然、鎌倉投信のような長期投資家も存在できなくなる。そのためには、それなりの取引量が株式市場の中になくてはならないのだ。このように、株式市場とは、本来、長期の事業資金を調達するための市場であるのと同時に、それを可能にするための流通市場としての2つの顔を持つ。重要なのは、この2つの機能を上手くバランスさせることだ。

しかし実際は、目先の株価がどのように動くかに着目する投資家が圧倒的に多い。

金融市場では価格の上下のみがお金になり、またそれを助長する手法が当たり前のように存在する。そこで社会への付加価値は生まれない。

そもそも会社は、車や衣類などと違い、その存在を手で触って実感したり、乗り心地や着心地を他と比較することができない。そのため、実態としての会社の価値ではなく、いわば**株価という値段そのものが商品となって取引されるようになる。**このように、金融市場で取り扱われる投資商品は、そもそも価値を価値として実感しにくい性質が内在するのだ。こうした矛盾は、前章で見てきたように、しばしば実態としての会社の価値と株価との乖離を生じさせ金融市場を不安定にさせる。

株価が刻々と変化するのは、人々の「期待」と「不安」の無数のパターンによるものだ。付加価値をつけたモノやサービスと違い、株式を右から左へ動かす際の「価格差」そのものがお金になるために、「利ザヤを稼ぐ」という考え方が生まれる。

こうした構造で、短期で利ザヤを稼ごうとする投資家が大多数を占めるなかで、東京証券取引所を含めた世界の主な株式取引所は、瞬時の値動きをとらえて1秒間に数千もの売買を繰り返す高速回転取引システムの開発にしのぎを削っている。過度な短期売買を誘引する株式市場の構造は、金融市場の不安定性を高め、サイバー攻撃などによる潜在リスクを高めることはあっても、「豊かな社会の実現に貢献すること」につながることはない。

④レバレッジという打ち出の小づち

短期売買が取引回数を増やして利益をふくらませようとする取引手法であるとするならば、少ない元手で投資する資金を何倍にも何十倍にもふくらませることで利益をふくらませようとする仕組みがレバレッジ（てこ）と呼ばれる投資手法だ。金融工学や借入などを使い、投資元本をふくらませることによって投資する資金を増やす。元手を実際の資金力の10倍、100倍などにふくらませ、「投資したことにして」そのぶんのリターンを得ることができる仕組みだ。これも金融市場だからなせる特異性である。

この種の投資商品は、1990年代から急速に増え、肥大化する投資マネーの受け皿となった。その代表例の1つが、米国の運用会社ロング・ターム・キャピタル・マネジメント（LTCM）社だ。LTCM社には、米国の大手投資銀行の元幹部、米国の日本銀行にあたる連邦準備制度理事会の元副議長、ノーベル経済学賞受賞者など、そうそうたる顔ぶれが経営メンバーに名を連ねた。

当初、彼らが考えた金融工学を駆使して債券のわずかな金利差からレバレッジを効かせて収益を得る投資手法は、高い運用成果をあげ世界の注目を集めた。しかし、1997年のアジア通貨危機、翌年のロシア通貨危機で、その理論の前提条件が崩れると莫大《ばくだい》な損失を被《こうむ》り破綻に追い込まれた。

2008年、米国のサブプライムローンに端を発したリーマンショックもまた、レバレッジによって金融危機を招いた事例だ。サブプライムローンとは、低所得者向けの住宅ローン債権を広く取引できるように証券化し、他の社債などと組み合わせた投資商品だ。世界中の多くの投資家や金融機関が、見かけ上は信用力も利回りも高いこの投資商品に多額の投資をした。しかも、なるべく少ない投資元本で大きな収益を上げようと、自社の手元資金ではなく、外部からお金を借り入れて投資を行ったことが後に金融危機へと連鎖した。

2007年ごろから米国の不動産価格が一たび下落しはじめると、投資商品に組み入れられた住宅ローン債権を回収することができなくなり、投資商品の価格は大幅に下落した。投資家が借り入れていた元手を返済できなくなったのだ。そして、2008年、大量にこの商品を保有していた米大手証券会社リーマン・ブラザーズが破綻に追いやられ、世界の経済と金融システムは重大な危機に直面した。

いずれのケースも、金融の世界で高い地位にある有能な人たちが、実体経済や投資先の本当の価値に目を向けることなく、ただお金を増やすことだけを考えた末路である。

金融市場は、本来、実体経済や社会に紐づくものだが、金融市場を介したり、さまざまな仕組みの投資商品を組成することによって、構造的にそのつながりを見えなくする。それもまた金融市場が抱える構造的な問題の1つだ。そして、あなたが買い求める投資商品の多くもまた、つながりを分断する投資理論の上に成り立っている。

「数字しか見ない投資」の先に未来はあるか

このように株式を含めてさまざまな投資商品や有価証券がうごめく金融市場には、無意識に社会問題につながったり、金融市場を不安定化させたりする構造要因があることを見てきた。

ここで、本章冒頭のインデックス投資の話に戻ろう。インデックス投資は、広く分散投資をし、デイトレードのように頻繁に売り買いをするものでもなく、多くの個人投資家は積立投資をしているのだから何の問題もないという意見もあるだろう。

たしかにその通りで、たとえば、全世界株式インデックスは、リーマンショック以降から最近までの期間で見れば、最も安定して高い運用実績を上げた投資商品の１つだ。その間、新型コロナウイルスやウクライナでの戦争などで動揺する場面はあったものの、比較的短期間で回復に転じ、大きな問題には至らなかった。

ただ、将来の株式市場の動向を予測することは難しいが、その裏付けとなる経済規模と金融市場のバランスは常に重要な指標となる。

そこで、世界の株式市場に**今後も高いリターンを期待し続けたらどうなるか**を想像してみよう。2023年の株式時価総額は約108兆ドル（約1京5千兆円）だが、仮に配当を除く株価の上昇率を6％と仮定すると、20年後の株式時価総額は約350兆ドル（約5京円）になる。

株価が上昇するためには、企業の売上や利益が増えなくてはならない。株価のもとなる企業活動の受け皿が、GDPに代表される実体経済だ。その世界経済が、仮に2・5％成長した場合のGDPは約200兆ドル（約2京5千兆円）となる。

世界的に著名な投資家ウォーレン・バフェットが示すバフェット指数によれば、この株式時価総額とGDPの比率が1倍を超えると「株価は割高」と判断され注意信号がともる。この指標を用いれば、10年後のバフェット指数は1・5倍、20年後には2倍になる。仮置きの前提で、頭の体操程度の話ではあるが、これだけの投資マネーを実体経済が吸収することは難しい。そのバランスをとるためには、株式市場全体の期待リターンは低下せざるを得ないだろう。

また、２０２３年時点の世界の株式時価総額上位の会社をみると、１位アップル約３兆ドル（約４３５兆円）、２位マイクロソフト約２・８兆ドル（約４０６兆円）、３位サウジアラビアオイル約２・１兆ドル（約３０４兆円）だ。* 技術革新が進むなかで、こうした会社が今後も株価を伸ばし続け上位にい続ける保証はないが、この世界が実現したときには、世界トップの会社の時価総額は１千兆円を超えてくるかもしれない。世界のＧＤＰの７％近くを占める規模感だ。

グローバルに進む私有財産としての資本の集積が１つの国家の経済力をも凌《しの》ぐときに、どのような世界秩序になっているかは僕の想像の範囲を超える。しかし、何もしなければ富の偏在はさらに進むし、地球環境にもより負荷をかけることになるだろう。

それだけに、会社は、自社の利益を追求する以上に社会的な視点、公共的な視点を持つことが一段と重要になってくる。投資家もそれを支持する存在になっていなければいい未来を描けないのではないだろうか。

かといって、個別に投資先を選定するアクティブ型であれば「社会にいいのか」と問われると、必ずしもそうではない。

アクティブ投資は、運用者が独自の判断に基づいて投資先を選定する運用手法で、スキルと経験が求められる。投資の手法にもよるが、アクティブ投資はインデックス投資に比べると通常投資先の数がしぼられ、売買の頻度も高い。基本的には、インデックス投資以上に株価を上げることを求める投資手法なので、どうしても株価を高めることが共通目的化しやすい金融市場の構造に巻き込まれる。

しかし、本来、投資の尺度は多様で、リスクとリターン、コストで測られる金融的尺度だけがすべてを表すわけではない。そこで、リスク、リターンでは測れない第3の投資の軸が求められる（図19）。

＊いずれも1ドル＝141円（2023年12月末時点）換算とする

図19．投資の「第3の軸」

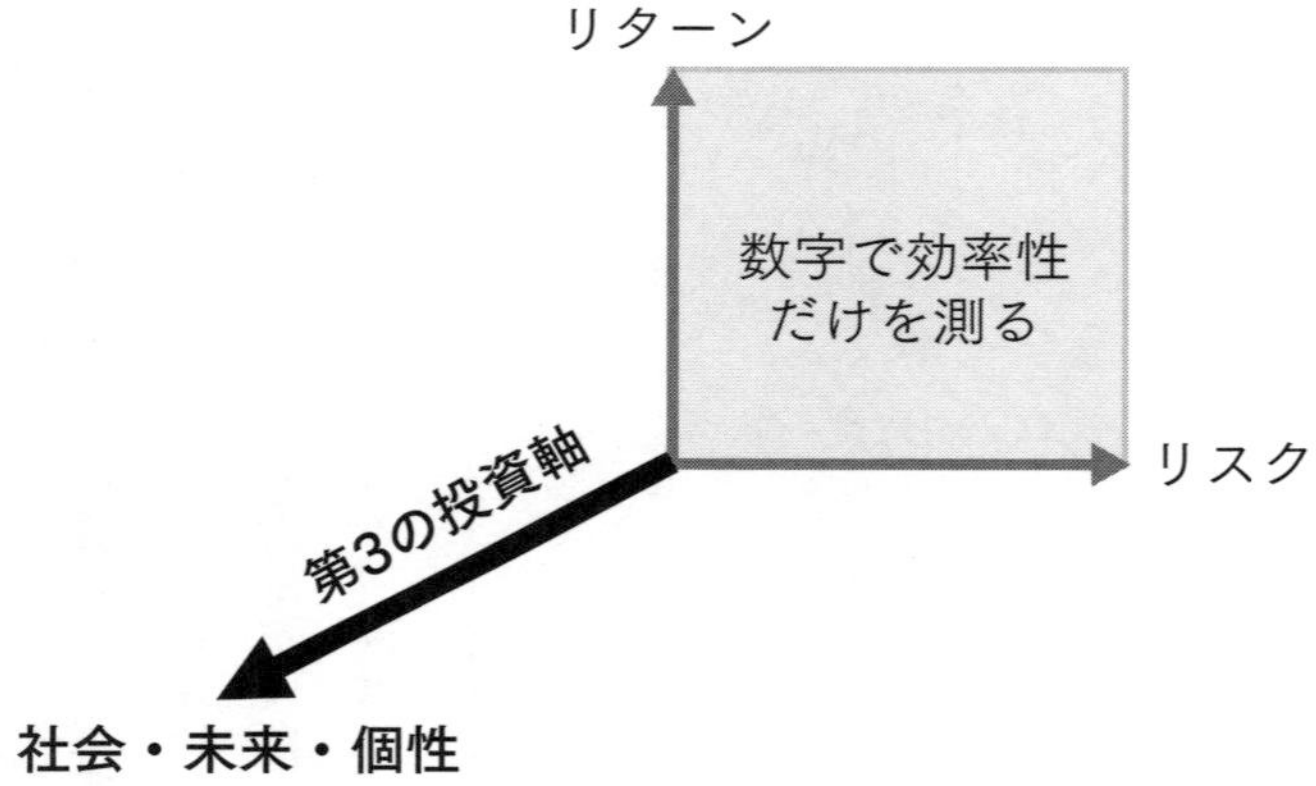

金融クジラとは、人の欲望そのもの

こうしてみると金融市場の構造は、いわば人のお金を増やしたいという欲望を吸い寄せる罠《わな》のようにも見える。そして、金融クジラとは、人の欲望そのものなのかもしれない。そうだとすると、それを制御し、金融市場を健全に機能させるものは、行きつくところ「人のモラル」でしかないように思える。

実際に少しずつだが、企業のありかたが変わり、消費や投資を通じてお金の流れが変わり、それらが連鎖して資本主義の形が変わりはじめているとも思える。

「会社は株主のものである」「利益を出し株価を上げることは、経営者に課せられた最大の責務である」といった株主資本主義の考え方は過去のものだ。ここにきて自社の存在目的、存在意義を考え、本当に社会や環境によい事業を追求する会社も増えてきた。そのように利益志向ではなく「目的志向」を持つ会社は、自社を超えて価値観を共有することができる。そうすると、他社との差別化を図りながらも、サプライチェーンに関わる取引先や、さらにいえばライバル会社とも協業することが可能となる。身近な例でいえば、資源回収や物流など関係者一体で取り組めば、環境負荷や経営上のコストも抑えられるだろう。

投資を含めた金融は、「いかにお金を効率的に増やすか」という「過去の当たり前」から脱却し、投資に向かうお金が経済、社会、地球環境との調和をどのようにもたらすかという新たな投資軸を持った次のステージに向かうことになるだろう。消費もまた同じことが言える。

会社のありかたとお金の流れが変われば、地球上にある多くの資源を無償で使い、大量生産・大量消費の上に成り立ってきた拡大再生産型の資本主義の形も変化するだろう。

新型コロナウイルスは人類に何を問いかけたか

２０１９年12月、中国の武漢市で新型コロナウイルス感染者の１例目が確認されてから、あっという間に世界中に広がり、それから約３年にわたり、社会と経済は世界中で混乱を極めた。コロナ禍では、命を守るために人との距離をとりながらも、一方で旅行支援キャンペーンを実施するなど、経済をまわさないと社会は成り立たない焦りともいえる状況を目の当たりにした。

人や社会は、経済に従属化しているようにも見えたのは僕だけだろうか。

「社会のためにお金がある」のではなく、「お金を回すために社会が存在している」ような気がしたのだ。

こうした状況で気づくことは、人の営みを支える「経済」は、命の保証、人と関わることへの安心感、地球環境という土台があって初めて成り立つということだ。

ただ自分のお金が増えても、社会そのものが持続的に発展しなければそのリターンも一時的なものにすぎない。日本や地球に住むこと自体が危ぶまれるときに、手元のお金を増やすだけの投資でよいのだろうか？　地球環境問題に関心が高い経営者や投資家のなかには、「地球という土台がなければビジネスもままならない」という考え方をする人もいる。

人と人とが支え合う社会は、いまや世界中の経済的分業によって成り立っている。その結果、僕らは、いま3つの大きな課題に直面している。

1. 地球環境という制約条件下でエネルギー、資源、食料、水を大量に消費し続けることの限界
2. 地球環境という制約条件下で世界経済をグローバルな分業によって拡大させ

続けることの限界

3．グローバルな分業や金融市場取引によって関係性が分断され、互いの顔が見えない社会になったこと

このような状況のなかで、「いかにお金を増やすか」だけを考える投資の先に、明るい未来を描けるだろうか。それは後世からリターンを前取りし、リスクを先送りしていることに他ならない。

とりわけ地球環境という制約条件下での経済活動には、いままで低コスト化、効率性を追求してきたぶん、一定のコスト負担も強いられる。そうなると金銭価値で測る経済成長は鈍化し、株式リターンも全体としては下がるだろう。逆にいえば、こうした大きな環境変化に適応し、成長できる会社とそうした会社への投資が生き残るはずだ。

そうした投資の「新しい選択肢」について第5章で考えてみたい。

第5章

投資の「新しい選択肢」

第4章では、お金を増やすことだけを目的とした投資は、経済と社会とを調和させる力にならないことを述べた。では、「社会をよくする投資」とはどのような投資なのだろうか。

それは一言でいえば、社会をよくする「会社」を増やし、その成長を後押しすることで、いい未来をつくる投資だ。投資による経済的リターンを求めながらも、いかにお金を増やすかという金銭価値だけでリターンを測るのではなく、「社会をよくする」という新たな投資の軸、投資観を持つものだ。

こうした新たな投資の軸、もう少し大きくとらえると「新たなお金の流れをつくろうとする動き」は、少しずつだが出始めている。大きく、次の3つだ。

①ESG投資
②ソーシャル・インパクト投資
③独自の視点で「社会をよくする会社」を選定する個別株への投資や投資信託

それぞれの位置づけのイメージは図20の通りだ。

図20．各投資の位置関係

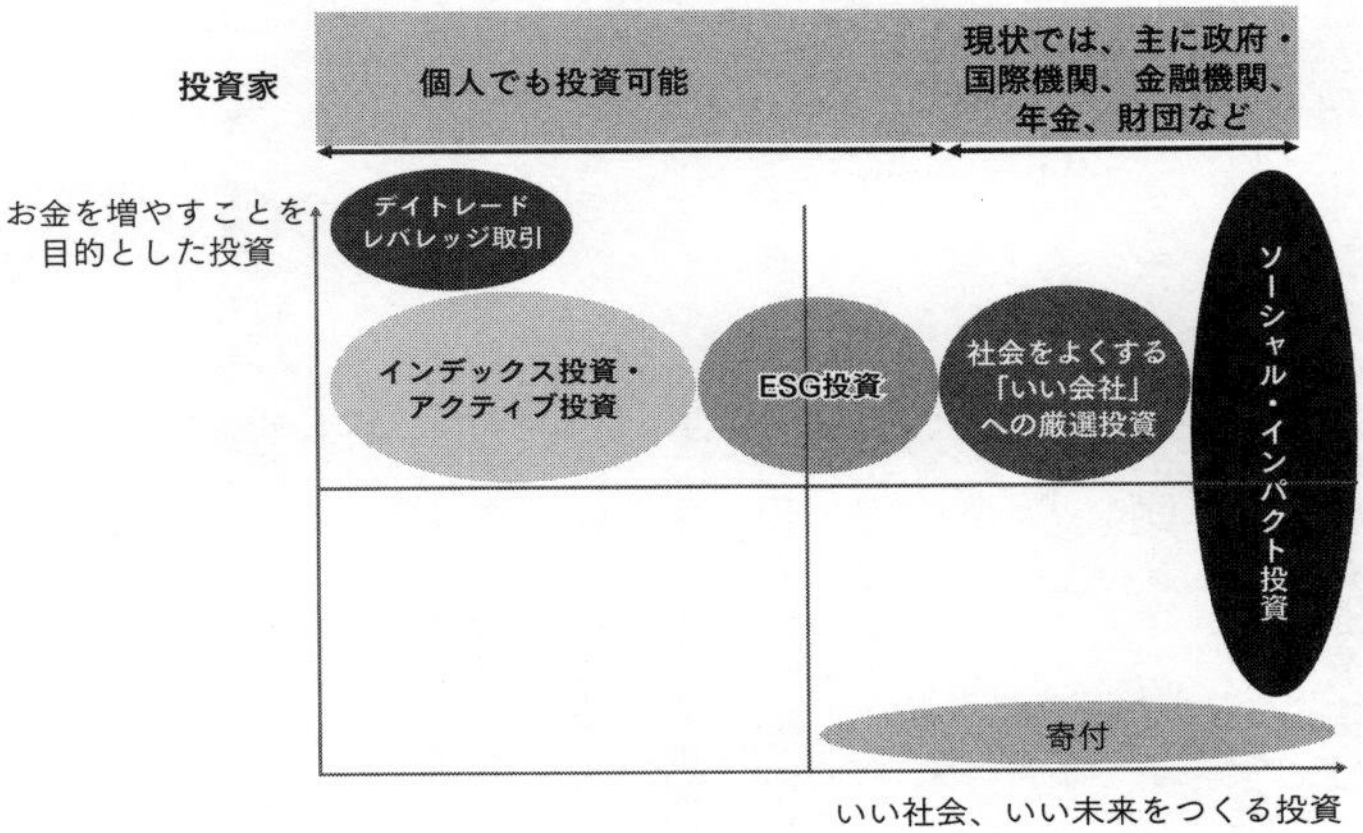

こうした動きと並行して、会社自身も自社の存在目的を再定義し、自社の利益だけではなく、環境や社会に対してプラスの影響を生み出そうと真剣に向き合いはじめていることは第4章で述べたとおりだ。この両者がうまくかみ合うと、持続可能な社会、それを支える新たな資本主義の姿が見えてくる。

本章では、従来のリスク・リターンの2軸で測る投資理論の枠にはない、第3の軸を持った投資手法についてふれてみたい。このなかには、個人でもできる投資もあれば、現時点ではまだ個人の投資領域にまで浸透していないものもある。

それぞれ見てみよう。

①ＥＳＧ投資

近年、「社会をよくする投資」として、世界的にＥＳＧをテーマにした投資が増えた。環境意識の高い欧州の投資家をはじめ、２００兆円を超える日本国民の公的年金を運用するＧＰＩＦ（年金積立金管理運用独立行政法人）もＥＳＧ投資に力を入れている。個人でも購入できる投資信託の中にもＥＳＧ投資は増え、認知度も高まってきた。現時点でいえば、「社会をよくする投資」の代表格がＥＳＧ投資といえよう。

ＥＳＧ投資とは、環境（Environment）・社会（Social）・企業統治を表すガバナンス（Governance）の英語の頭文字だ。単に投資による経済的リターンを求めるだけではなく、**投資家が投資する会社の環境や社会に配慮した取り組みを「評価する」ことで、会社が果たす社会的責任の範囲を広げ、会社の価値を高めていこうとする投資手法**をいう。会社の持続性や価値が高まれば、株価は上昇し、投資家のリターンにつながるという考えかただ。

ＥＳＧ投資では、Ｅ・Ｓ・Ｇの各項目を次のように評価して、投資先を選定したり、議決権を行使したりする。

- Ｅ（環境）：気候変動対策や生物多様性への対応、リサイクルなどの環境保全など
- Ｓ（社会）：女性管理職比率、ダイバーシティ、育休、人材教育や福利厚生など
- Ｇ（ガバナンス）：取締役の構成、内部統制機能、非常時対応力（ＢＣＰ）など

そもそもこうした社会や地球環境に目を向けたＥＳＧ投資が増えたのは、２００４年に国連環境計画・金融イニシアティブが「社会（Ｓ）、環境（Ｅ）、コーポレートガバナンス課題（Ｇ）が株価評価に与える重要性」を発表したことに始まり、２００６年にアナン国連事務総長（当時）が運用会社や年金基金、金融機関などの機関投資家に対してこのＥＳＧを考慮した「責任投資原則」を表明するよう提唱したことがきっかけだ。さらに２０１５年にＳＤＧｓが国連で採択され、その動きが加速した。

2022年時点で、こうしたESG投資に関連する運用残高は、世界全体で約30兆ドル（約4500兆円）*に達し、世界の金融機関や年金基金といったプロといわれる機関投資家が運用する総資産の3分の1を占めるので相当な額だ。

日本でも個人投資家も投資できるESG型の投資信託が増え、その運用残高は100兆円を超えるまでに拡大している。最近では女性活躍や気候変動対策などESGの一部のテーマに着目した投資信託もあり、個人の関心の高い分野への投資もある程度可能になっている。

こうした投資家の声に押されて、意識的に環境負荷の軽減などの社会課題に取り組んだり、多様な人材の積極的な活用などに取り組もうと努力したりする会社が増えていることは確かだ。はじめは、株主からのプレッシャーでやむを得ず取り組みはじめた会社が大半だったのではないだろうか。

当初は感度の高い一部の経営者、いまでは一定数の経営者が、ESGへの意欲的な取り組みによって、会社のブランドを高めたり、社員の主体性や協働する力を喚起して、人的資本の質を向上させたりすることの意義に気づいている。さらには、取引先との価値共創力にもつながり、自然・環境への対応能力を高めることも、結果として、長期的に見た会社の持続性を高め、会社の価値向上に寄与することを自覚しはじめているようだ。

「いかに株価を上げるか」と数字を目的にするのではなく、こうして自社の存在目的の実現に向けた会社の事業を後押しすることをＥＳＧ投資の真の目的にするとき、新たなお金の流れがいい社会へとつながる。投資からこうした流れをつくることがＥＳＧ投資の理想形だろう。

しかし、これほどの巨額の投資マネーが動きながらも、世界中を見渡すとさまざまな社会課題を抱え、なかには環境問題や格差などますます深刻化している問題も多い。現実を見ると、まだどこかにボタンのかけ違いがあるようにも感じる。

具体的にどのような会社がこうしたＥＳＧ投資の投資信託に組み入れられている

＊資料：GLOBAL SUSTAINABLE INVESTMENT Review 2022

図21．代表的なESGのランキング

ブラックロック ESG世界株式ファンド	損保ジャパン・グリーン・オープン（愛称：ぶなの森）	NEXT FUNDS MSCI 日本株女性活躍指数（セレクト）連動型上場投信（愛称：NF・日本株女性活躍ETF）
アップル	三菱UFJフィナンシャル・グループ	三菱UFJフィナンシャル・グループ
マイクロソフト	トヨタ自動車	東京エレクトロン
アルファベット（グーグル）	三井住友フィナンシャルグループ	三井住友フィナンシャルグループ
アマゾン	日本電信電話	リクルートホールディングス
エヌビディア（半導体関連）	武田薬品工業	信越化学工業
ジョンソン・エンド・ジョンソン	村田製作所	三菱商事
メタ（フェイスブック）	日立製作所	東京海上ホールディングス
マスターカード	ニデック	武田薬品工業
ネスレ	第一生命ホールディングス	KDDI
アドビ（ソフトウェア開発）	MS&ADインシュアランスグループ	伊藤忠商事
ブラックロック 2023年12月16日付交付目論見書	SOMPOアセットマネジメント 2023年10月18日付交付目論見書	野村アセットマネジメント 2024年1月18日付交付目論見書

のか見てみよう。

図21は、世界最大の運用会社が運用するESG世界株式ファンド、格付投資情報センターが主催するR&Iファンド大賞（2023年）のESG部門で表彰された投資信託や、代表的なテーマ型のESG上場投資信託に組み入れられている上位企業だ。

世界ではIT関連を中心に誰もが知る大会社、日本では大手金融グループや大手製造業が名を連ねる。どの会社も誰もが知る立派な大企業ばかりだ。

しかしこのランキングが「ESG投資の優良企業」だといわれても、ピンとこないというのが正直な感想ではないだろ

うか。各社のどのような取り組みがＥＳＧで高く評価され、それによって社会がどのようによい方向に向かっているかを実感することは僕も難しい。

ここに、ＥＳＧ投資が社会をよい方向に動かしていくうえで乗り越えなくてはならない課題がある。

課題：独自性も目的もない

一般に、ＥＳＧ投資は、巨額の資金を運用する年金基金や財団などが主な投資家となるため、どうしても大きなお金で投資ができる大会社でないと難しい。また、すべての上場会社をくまなく調査することは現実的には難しいので、ある程度母数を絞り込み、かつ一定の目線で評価にバラツキが生じないようにしなくてはならない。そのためどうしても、次のような傾向がある。

1. 「時価総額の上位企業」が調査の対象とされる
2. 何百もの評価項目についてアンケートや公開情報をもとに形式基準でスコア

化され、「総得点の上位」が組み入れられやすい

つまり、投資対象となる条件は、株式時価総額が一定以上の大きい会社であること、ペーパーテストで全科目押しなべて高得点をとる偏差値の高い会社であることが基本条件となるのだ。日本国内でいえば、4000社近くある上場企業のうち、せいぜい500~600社程度が調査の対象となる。E（環境）でいえば再生可能エネルギーの使用率の高さ、S（社会）でいえば女性管理職比率や障がい者雇用率、G（ガバナンス）でいえば社外取締役比率が一定数以上あることなどが網羅的に評価される。

なにより、ESG指数を作成する会社や運用会社などから寄せられる数多い調査項目や情報開示にしっかりと対応できる社内体制を整備するにはそれなりに人もお金もかかる。その点からしても資本力のある大きな会社が圧倒的に有利となる。

その一方で、多くの会社を見てきた経験からすると、ペーパーテストでいい点をとっても、実際の行動がどれだけ伴なっているかを測ることは難しい。泳ぐ方法が頭でわかっていても、実際にプールに入って実演するとなると思うように進まないのと

同じだ。たとえば、数年前に環境分野で高い評価を得ていた大手電機メーカーが長年にわたって不正を働いていたことが発覚したように、ESGスコアで上位にある会社の不祥事もしばしば起きる。

▼鎌倉投信の投資先リサーチ

そのため、鎌倉投信では、投資先を決める際には、なるべく複数回現地を訪問して実態や職場の雰囲気を感じ取ることに努める。たとえば、取締役に占める社外取締役の比率だけでは、実質的なけん制機能が働いているか否かを判断することはできない。そうしたとき鎌倉投信では、名ばかりになっていないかを、他社との掛け持ちの状況を確認したり、専門分野などから適性を判断したりする。場合によって直接面談することもある。

障がい者雇用率にしても、法定雇用率を守っているか否かで合格点をつけるのではなく、いかに難易度の高い雇用に挑戦し、本業のなかで雇用者の個性をどれだけ活かそうと努力しているかを現場で実感できれば確信につながる。表面的な数値だけではとても怖くて投資できないのだ。

そもそも会社の社会的な評価は、投資家目線で一律に測れるものではない。むしろその違いの中にこそ各社の思想信条が現れ、その違いが会社の個性となり差別化の源泉につながる。

ＥＳＧ投資の真の役割は、会社が自社の存在目的を自覚し、本業のど真ん中でその価値を深く掘り下げていく自律的作用を生じさせることにある。そのことは、会社の表層、つまり「着こなしの美しさ」を見て評価するだけでは難しい。会社の取り組みの内面、「表層の奥にある根っこ」を見なくてはならない。「御社自身が、それに本気で取り組もうとする真の目的はどこにあるのか。それは、心の底からわき出るものか」といった問いに、その会社がどのように答え、行動しているかが、真に評価されるべきポイントとなる。

可能性：ＥＳＧ投資が乗り越えるべき４つのハードル

その目的に近づくためにＥＳＧ投資がこれから乗り越えて行きたいハードルが４つある。

1. 画一的な評価基準からの脱却

数多くの会社を共通基準で測ろうとすると、どうしても多くの評価項目を、アンケートや公開情報をもとに点数をつけてスコア化する方法がとられる。そうなると、形式的で網羅的な見方に留まってしまい、会社の本気度や本業を通じた社会価値創造の実態、さらに最も重要な「会社の個性」を評価することが難しくなる。

一次スクリーニングとしてはよいかもしれないが、根本にある思想を見定め、長い視点でしっかりと支援する投資を行いたい。

2. グリーンウォッシュ

以前から存在している投資信託を、販売目的で名前だけ「ＥＳＧ投資」に衣替えするケースがある。環境への貢献を表面的に装いながら、実態を伴わない投資商品も多く見られ、「グリーンウォッシュ」と呼ばれ問題となっている。

ＥＳＧを謳《うた》う投資商品をアピールしながらも、その一方でお金を増やすことだけを目的とした多様な投資商品やファイナンス商品を運用、販売するケースもある。銀行による「グリーン融資」なども同様で、まさにダブルスタンダードだ。

「ＥＳＧ投資」を謳うのであれば、いうまでもなくＥＳＧの目的と無関係な投資や融資は止めるべきだ。

3. 運用会社と投資家との共感構築

「社会をよくする」視点を持った投資は、投資信託などの投資商品をつくる運用会社と、そこにお金を預ける年金基金や個人投資家との「価値観の共有」が重要となる。**大元の投資家が短期目線だと、投資信託などを運用する会社も、投資先それぞれの企業へ求める利益や株価上昇のプレッシャーが短期的になりがちだからだ。**

社会によい取り組みに挑戦する会社の事業は、総じて難易度が高く、時間がかかる挑戦も多いため、必ずしも短期的な株価とは連動しない。むしろ、短期的に見れば株価にマイナスの影響を与えることもありえるし、場合によっては環境負荷をかけないための投資を増やすぶん、株式の将来リターンが下がることもあるだろう。

投資信託やファンドにお金を預ける投資家は、そうしたことを理解したうえで、長期で会社の活動を支える後ろ盾《だて》になることが大切となる。しかしそれはけっして容易なことではない。「社会に目を向けた投資」に対する投資家の関心がけっして高いといえない現状のなか、投資の意図を投資家と共有していくためには、それを実践する運用会社に信念がなくてはならない。さらに、その信念に基づく投資方針や投資先の活動、リターンを含めた投資の成果を投資家に訴求し、共感につなげるプロセスは、地味で粘り強さが求められる。それができる運用会社や販売会社は少ない。

ＥＳＧを謳う投資信託の運用を開始してから短期間で1兆円ものお金を集めたものもあるが、そのなかにＥＳＧの理念を理解して投資をはじめた投資家がどれほどいるだろうか。

リスクとリターンのみで金融商品の価値を測る投資家が多いなか、共感性を築くことは容易ではないが、ＥＳＧ投資の運用会社は、その努力を怠《おこた》るわけにはいかない。

4．ＥＳＧの目的化

ＥＳＧ投資には、ＥＳＧ評価や情報開示、それらに付随《ふずい》するコンサルティング、二酸化炭素の排出権取引のように自然を商品化した取引市場などの周辺ビジネスが生まれ、多くの人がそこに関与する。こうして新たな投資領域でビジネスが生まれること自体は問題ないが、ＥＳＧを謳い文句にビジネス化することを目的にすることには疑問が残る。

ＥＳＧ投資に関わるすべてのステークホルダーにとっての共通目的は、投資家のリターンや会社の利益を犠牲にすることなく、社会にいいお金の循環を生み出すことだ。けっしてお金で自然や社会をコントロールできるものではなく、その根底には、自然や地球環境、人の命のつながりである社会に対する畏敬《いけい》がなくてはならないと僕は思う。「社会をよくする投資」には、それに関わる人の誠実さが求められる。

こうした4つのハードルを乗り越えたとき、本当の意味でESG投資が社会のなかで機能し、社会をよくするお金の流れの本流になる。そのときには、ESGの概念が社会や会社に浸透して当たり前になり、ESG投資という言葉すらなくなることだろう。

もしくは逆に、「いかにお金を効率的に増やすか」という従来の投資理論から抜け出すことができずに、リターン次第では「ESG投資は儲からない投資」という理由で抹消《まっしょう》されるかもしれない。そうならないことを願いたい。

②ソーシャル・インパクト投資

「社会をよくする投資」の流れの1つに「ソーシャル（社会的）・インパクト投資」がある。2007年にロックフェラー財団が「経済的な利益を犠牲にすることなく、社会や環境へのプラスの影響をもたらす投資」を提唱したことから始まったとされる。いまは黎明期《れいめいき》で、個人投資家が購入できる投資信託などに広まるにはまだまだ時間がかかりそうだ。

ソーシャル・インパクト投資とは、社会性と経済性を二項対立でとらえるのではなく、**特定の社会課題を改善させる事業や会社を後押しすることを目的とした投資**のことを言う。社会課題とは、たとえば、脱炭素や森林保全、食や農業、医療・福祉、貧困層への融資（マイクロファイナンス）などだ。それによって達成される効果（アウトカム）を指標化（KPI）する。脱炭素がテーマであれば温室効果ガスの削減寄与量など、地域創生であれば移住者や関係人口の増加などがＫＰＩとなる。

さらに、その指標の動きによって地球環境や社会の状態にどのように影響を与えたかを、社会的なインパクトとして評価するものだ。その点において、従来の「いかにお金が増えたか」だけで測る投資とは一線を画す。

ＥＳＧ投資を広くとらえ、その一部として見られることもある。しかし、ＥＳＧ投資が社会的な視点を持ちながらも「会社の持続的価値、最終的には株価を高めるための投資手法」として位置づけられているのに対し、ソーシャル・インパクト投資は、まずは解決すべき社会課題領域を明確に定義するところから始まる。そして、社会、環境にプラスのインパクトを生み出すことを事業や投資の目的としたうえで、一定のリターンを狙う投資手法をいう。両者は考えかたの起点が異なり、投資の成果を測る尺度も異なる。違いを図22にまとめた。

図22. ESG投資と
ソーシャル・インパクト投資の違い

	ESG投資	ソーシャル・インパクト投資
投資基準	E,S,Gのスコアの高い企業	ソーシャル・インパクトへの期待
発起の背景	会社の社会的責任の拡張	事業を通じた社会課題の解決
対象	時価総額などで スクリーニング	自発的に開示を行う企業
評価者	評価機関・運用会社	独自KPI
投資の リターン	会社の持続的な価値向上 ➡ 最終的には投資先の 株価の上昇	社会的・環境的な影響を測る 指標（KPI)の改善＋ ソーシャル・インパクト ➡結果として得られる 金銭的リターンの大小は幅広い
投資のリスク	投資したお金が目減りすること （正確には投資対象の 価格変動性）	ソーシャル・インパクトの マイナス＋投資したお金の目減り
主な投資家	公的年金、財団・ 大学、金融機関、個人など	政府・行政機関、 金融機関、財団など

課題：実行と評価

社会をよくする投資そのものであることは間違いないのだが、乗り越えなくてはならないハードルは高い。

そもそもソーシャル・インパクト投資は、第一義的には社会が抱える複雑な問題を解きほぐすという、難易度の高い事業や会社に投資をして社会的リターンを生みつつ、同時に投資家のお金を増やすという役割を帯びている。そのため、正直その両立自体が簡単ではない。

さらには、社会的なインパクトをどの

図23．ソーシャル・インパクト投資
成功への5つのステップ

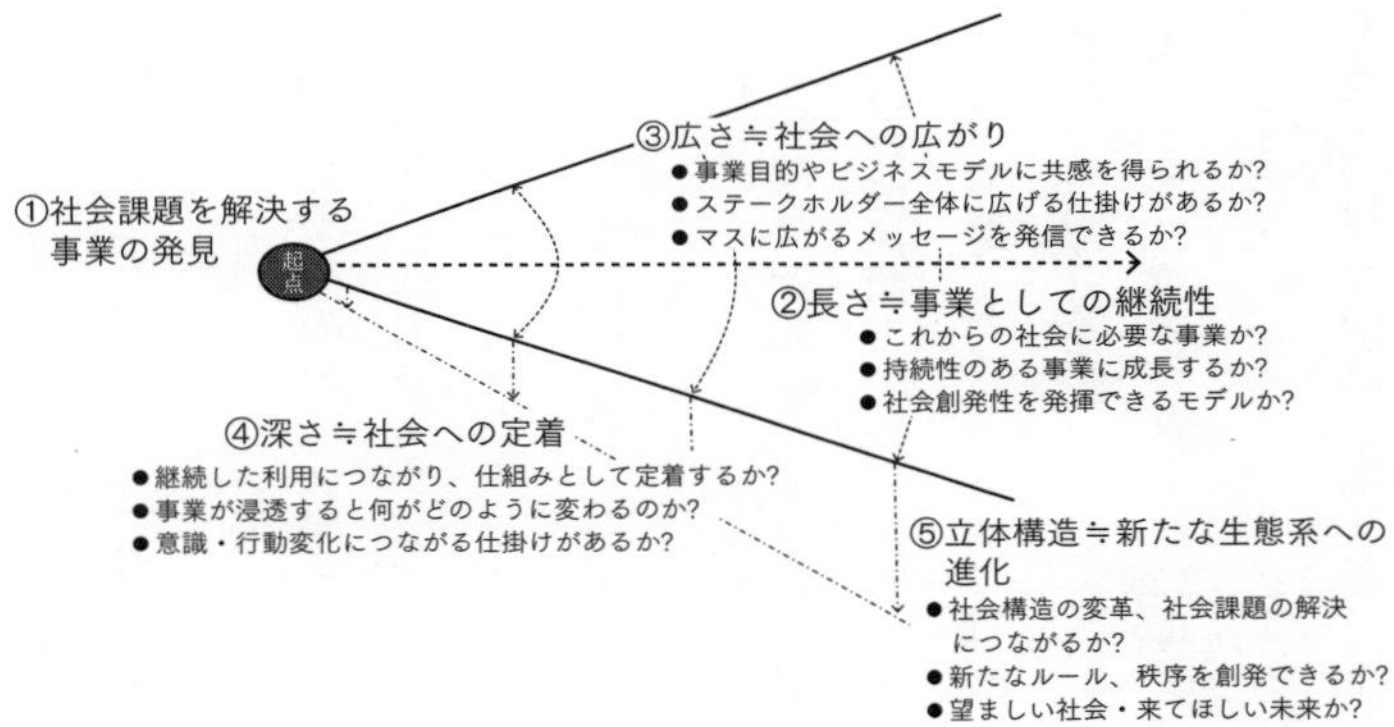
①社会課題を解決する
事業の発見
起点
③広さ≒社会への広がり
●事業目的やビジネスモデルに共感を得られるか?
●ステークホルダー全体に広げる仕掛けがあるか?
●マスに広がるメッセージを発信できるか?
②長さ≒事業としての継続性
●これからの社会に必要な事業か?
●持続性のある事業に成長するか?
●社会創発性を発揮できるモデルか?
④深さ≒社会への定着
●継続した利用につながり、仕組みとして定着するか?
●事業が浸透すると何がどのように変わるのか?
●意識・行動変化につながる仕掛けがあるか?
⑤立体構造≒新たな生態系への
進化
●社会構造の変革、社会課題の解決
につながるか?
●新たなルール、秩序を創発できるか?
●望ましい社会・来てほしい未来か?

ように評価し計測するかの枠組みづくり、投資と結果との因果関係をいかに証明するかといった実務的な課題も多い。「言うは易く行うは難し」の投資ともいえよう。

この投資を成功させるために、図23のように「① 課題の発見➡② 事業としての継続➡③ 社会への広がり➡④ 定着➡⑤ 生態系への進化」という5つの過程を経る必要がある。投資家としても成功に向けて伴走・支援しなくてはならない。鎌倉投信もそのことに挑戦しているが、現時点ではそれができる投資家が少ないのも課題の1つといえよう。

可能性：上場会社の「本気」

課題はあるものの、大局的に見れば、僕はソーシャル・インパクト投資の可能性を感じている。理由の1つが、個人投資家でも個別株で投資ができる上場会社のなかにも、本業のど真ん中でソーシャル・インパクトを生むことに挑戦する会社が出始めているからだ（具体例は、次の章で見ていく）。

ESG投資と比較するなら、「E（環境）」や「S（社会）」領域において、**他者（投資家やESG評価機関）からの評価ではなく、自らが評価基準を公にすることを意味する。**そうなるとペーパーテストではなく、自社の勝負領域を定めた実技テストになるので、ごまかしようがない。

そのように得意分野で社会課題に真剣に向き合う会社が増えてくれれば、鎌倉投信の「結い2101」を含め、リターンを犠牲にすることなく本気で社会をよくする会社に投資をする投資信託も増える。ひいては、お金の流れがじわりと変わる可能性が出てくるといえる。

③個別株投資や投資信託

ＥＳＧ投資が大きな会社に偏り、網羅的に総合評価したスコアが重視される一方で、ソーシャル・インパクト投資はまだ、企業が個別で取り組む黎明期だといえる。その中間地点として、あなた自身の価値観で上場している会社の株式を買ったり、独自の視点で社会にいい会社に投資をする投資信託を保有したりすることは「社会をよくする投資」の１つの選択肢になる。

パーパス経営やインパクトの可視化

実際に、ＥＳＧ投資やソーシャル・インパクト投資など社会をよくする投資、人的資本や自然資本に対する取り組みを可視化する動きが世界的に進むなかで、本気で社会に貢献しようと、自社の存在意義を真剣に問う会社が増えつつある。

株価に対する株主からのプレッシャーを常に受け続けるグローバル企業のなかでも、自社の存在目的（パーパス）を再定義して本当に人や社会にとってよい商品づくりやサービスを展開したり、株主偏重の経営姿勢から会社に関わるすべての関係者に対する利益追求を宣言したりする会社も増えた。

日本の上場会社のなかでも、先のソーシャル・インパクトにつながる指標を独自に掲げ、本業を通じた社会課題の改善状況を定期的に報告する会社も出始めている。たとえば、「結い２１０１」の投資先の「すららネット（東京都・東証グロース上場）」がその１つだ。

すららネットは、全国の学校や塾などにＡＩを活用した教育教材を提供する一方で、発達障がいや学習障がい、不登校、経済的困窮世帯を含む生徒に学習の機会を提供するなど、日本の教育課題の解決と貧困による教育格差をなくすことを理念に掲げている。教育インフラが整っていない国でも、ネット環境があれば学ぶことができるため、スリランカなどでも事業を展開する。

すらネットが掲げた社会課題は4つ。「不登校」「発達障がい」「低学力」「貧困」の課題解決だ。すらネットは、それぞれの課題解決までの道のりと成果を可視化したインパクトマネジメントレポートを発行している。図24は、課題の1つ「不登校の子どもとその親へのインパクト」を可視化し体系化したものだ。

しかし、こうした社会的に必要とされる事業に取り組む会社であっても、ESGの評価で上位に入ることは難しい。株式時価総額の基準や、環境・ガバナンスという総合的な評価基準を満たさないためだ。

グローバルの動き「B《ビー》 Corp《コープ》認証」

こうした会社の社会的な取り組みを認証する動きも世界で広がっている。その先がけの1つが、2006年に米国の非営利団体B Labがはじめた「B Corp認証」だ。「B」とは利益を表すBenefitの頭文字をとったものだ。株主利益だけでなく、5つの

図24．すららネットのインパクトマネジメント

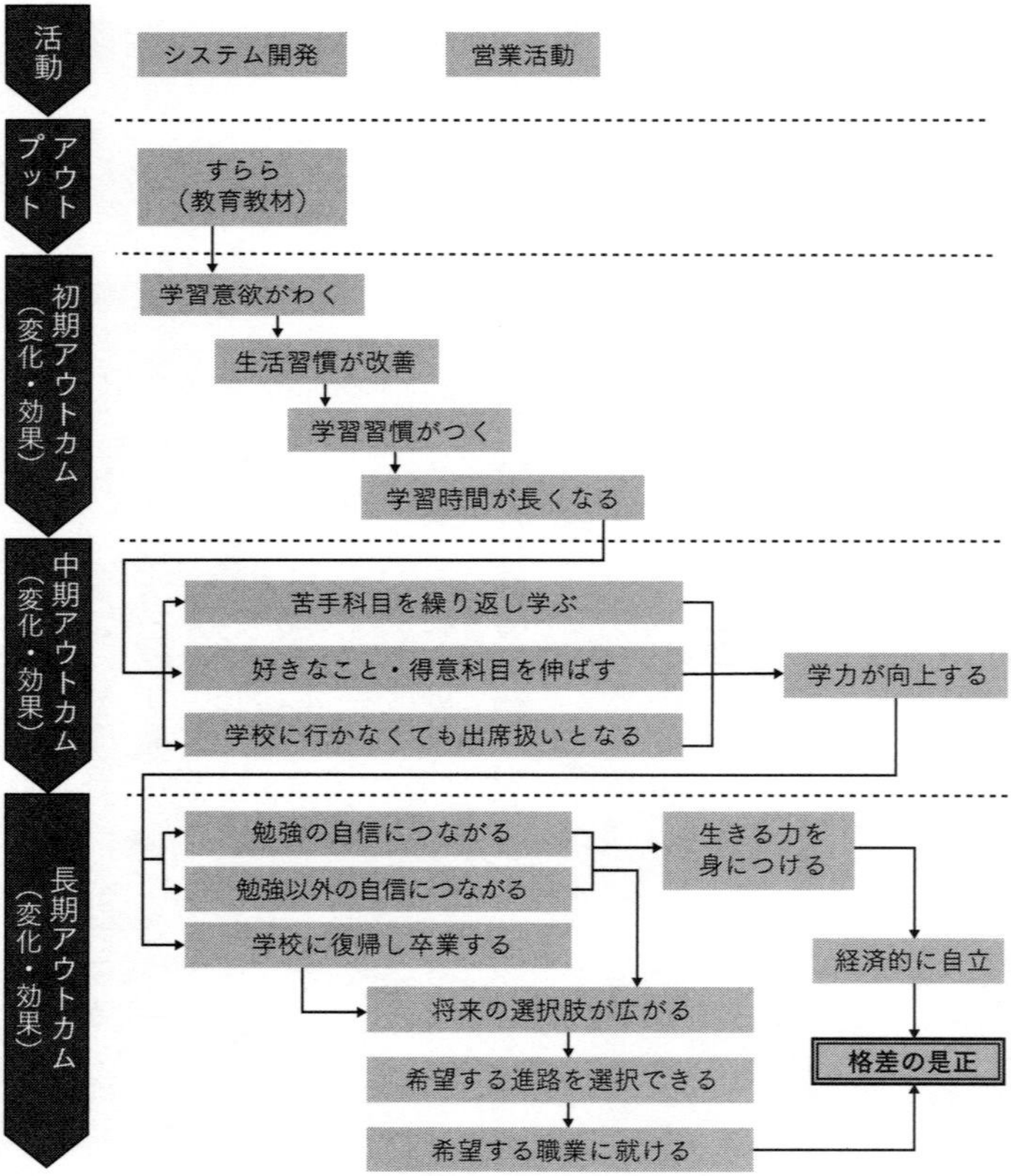

不登校の子どもとその親へのインパクト

子ども

- 自分から勉強したいと思うようになった… 84%
- 生活習慣が改善された……………………54%
- 学習習慣がついた ……………………………76%
- 勉強への自信がついた………………………54%
- 勉強以外のことへの自信がついた …………35%

親

- 子どもの状況を受け入れ見守るようになった ………… 30%
- 子どもに対するコミュニケーションスタイルを変えた… 44%
- 親子の関係が良好になった……………………………… 30%以上

★出席扱い制度認定者累計：約1,200名、認定率：約80%　※2023年3月現在

資料：「インパクトマネジメントレポート2022（CASE#01 不登校）」をもとに著者が簡略化

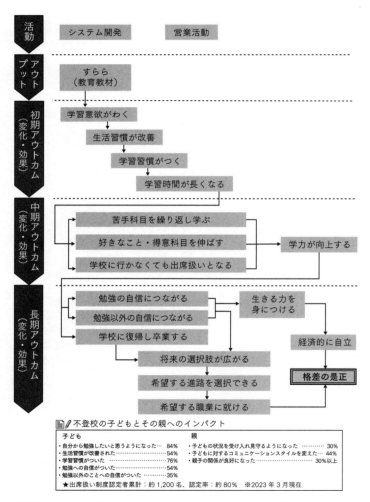

視点（ガバナンス、従業員、コミュニティ、環境、顧客）から会社に関わるすべての関係者の利益や公益性を優先する会社を評価している。

２０２３年時点で、環境にとことん配慮した登山やアウトドア用品などのブランドとして知られる米国のパタゴニア社や、飲食料品を製造販売するダノングループなど、世界で８０００社近くがB Corp認証を受けている。

いまのところ鎌倉投信が投資する会社に該当先はないが、今後出てくるかもしれない。

日本では、長野県東御市の山の上でこだわりのあるパンや日用品を販売するわざわざ（長野県・非上場）、賞味期限切れ前に廃棄されてしまう商品を新たに流通させてフードロス削減に取り組むクラダシ（東京都・東証グロース上場）など37社が、その厳しい審査を経たB Corp認証の会社だ（２０２４年2月時点）。

B Labは、B Corp認証とは別に、株式会社でありながら株主の利益よりも社会や環境等への利益還元を優先する会社形態を米国の州法で立法化させ、公益性の高い会社を広める活動も行っている。

こうして社会をよくする実際の取り組みが評価される会社が株式市場に上場すれば、個人投資家でも投資することが可能になる。仮に上場しない場合には、消費者として商品やサービスを買って応援することもできるだろう。

課題：上場との両立

近年、投資家や消費者にとって「社会や環境に配慮している会社かどうか」は1つの大切な判断軸になりつつある。B Corp認証は、その情報源になりえる。

ところが、いざそうした会社を見つけて個別に投資しようと思っても、個人投資家がいつでも投資できる上場会社のなかに、B Corp認証を取得している会社は少ない。対象となっている会社は、大手ではなく、あえて上場をめざさずに、ゆるやかな成長をめざす中堅・中小企業やスタートアップが多いのだ。

株式市場では、投資家の大多数が、社会をよくすることより、売上や利益を伸ばして株価を上げることを第一に求めることも影響しているだろう。

可能性：ソーシャル証券取引市場

そこで、こうした社会をよくすることを目的とした会社と、お金を増やすことを目的とする投資家とのミスマッチを解消し、新たなお金の流れをつくる場として、「ソーシャル証券取引市場」の創設を考えてもよいのではないだろうか。

世界では、すでにイギリスやカナダ、シンガポールなどで先行事例がある。たとえば、B Corpのような認証機関が、会社が取り組む事業の社会や環境、経済的なインパクト評価を行い、可視化を支援することで、そうした会社を支援したい投資家との輪を広げる市場だ。

こうした市場と相性のいい会社は、短期間で証券取引所に株式を上場（IPO）させて株式時価総額10億ドル（約1500億円・ユニコーン）をめざすスタートアップではない。**社会的なインパクトを生みながらゆるやかに持続的な成長をめざす会社だ。**

鎌倉投信は、そうした会社を「スモールアップ」と呼んでいる。スタートアップは、

図25．スモールアップ

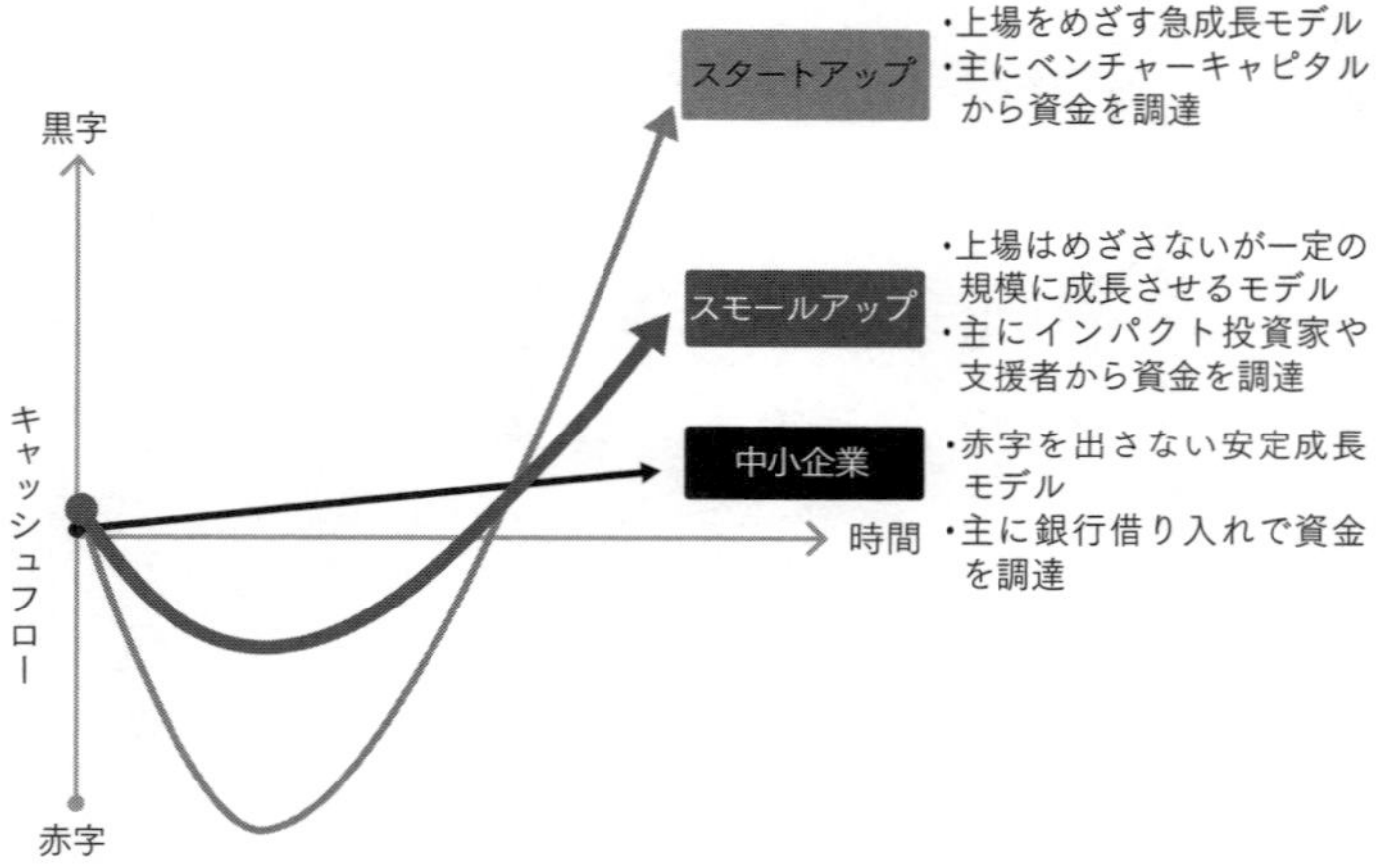

主にベンチャーキャピタルから資金を集めて、急成長による上場をめざすのに対して、**スモールアップは、主にインパクト投資家や支援者などから資金を集めて、上場はめざさないが「それなりの」成長をめざす会社だ**（図25）。

こうしたスモールアップの資金調達の機会を提供する株式市場があれば、ソーシャル・インパクト投資が個人投資家にも広がり、新たなお金の流れを生むきっかけになる可能性を持つと考えている。

社会をよくするのは「巨額の投資」ではない

ＥＳＧをテーマにした投資信託を買うにしろ、社会をよくする会社の個別株に投資するにしろ、これから個人投資家の領域に広がる可能性があるソーシャル・インパクト投資にしろ、個人投資家のお金はよほどの富裕層でなければ大きな投資額にはならない。投資信託であれば、最低投資金額は１万円以下だ。

「自分の１万円では何も変わらない」と思われるかもしれない。一般生活者の少額の投資で何か変わるのだろうか。

逆にいえば、巨額のお金による投資であれば、日本をよくすることができるのだろうか。

日本の株式市場の時価総額は、２０２４年2月末時点で約１千兆円だ。そのうち国民の公的年金を運用するＧＰＩＦ、金融緩和策の一環として２０１３年から日本株式に投資をはじめた日銀、銀行や生保などの大手金融機関が約30％、海外投資家が約30％保有している。日本の上場会社の株式の約60％は、こうした巨額のお金を運用する投資家が保有し、事実上の大株主となっていることを意味する。

これだけの株式を保有する投資家であれば、会社を方向づけるだけの強い発言力を持ち、社会にも影響をおよぼす。言葉を換えれば、このような投資家がお金に「どのような意思を込めるか」によって社会は形づくられていく。そのお金の元をたどれば、あなたの銀行預金や年金積立金、生命保険料などだ。

しかし「失われた30年」の間、労働者全体の賃金はなかなか上がらず、少子化や高齢化、教育、経済格差、ジェンダーギャップといった社会課題は一向に解決に向かう状況が見られない。日本全体で見れば、研究開発力や新たな産業を創造する力も高まっていない。あなたは、社会がよくなったという実感を持てるだろうか。

もちろん、公共事業に代表されるインフラ投資や宇宙開発、新技術の開発や研究といった莫大な投資を必要とする国家的なプロジェクトは、一人ひとりの投資の手に負えるものではない。たしかに、それによって経済や社会の構造が変わることもあるだろう。

しかし、人と人とが関わり合いながら成り立つ社会をよりよくするための投資の意義は、自分の利益（リターン）を享受しながらも、投資をきっかけにして、投資を受ける会社や投資をした人自身の意識と行動が、社会をよりよい方向へと向かわせる力になることにこそあると僕は考えている。

つまり、投資する金額の大小の問題ではなく、投資するお金がどこをめざしているか、お金を増やそうとする先に、どんな社会や未来を描くかが問われているのだ。

「小さな投資」の可能性については第6章でも述べる。

投資で成功するための8つのカギ

つまるところ、投資が「社会にとっていい投資」になるかどうかは、**買う人の選択の理由のなかにある。**選択した投資先が、社会によい影響を与える事業に取り組んでいるのであれば、多くの人がそれを知り、応援することが社会によい影響の輪を広げることになる。大切なことは、あなたが「なぜ投資をするか」だ。どのような「期待」や「思い」を懸《か》けるかだ。

理論上、株式投資は、長い目で見れば会社の価値が高まれば、それに連動して投資したお金は増える傾向にあるので、短期的な値動きを心配する必要はない。

しかし、社会にいい投資に取り組んだとしても、株式市場で株価が乱高下するとどうしても不安になってしまうのも人の心理だ。特に人の心理とは面白いもので、利益が出たときよりも、一時的にでもお金が目減りすることの心理的な影響の方がずいぶんと大きい。心理学の世界では、こうした心理的作用を「プロスペクト理論」という。そもそも人の脳は、儲けるよりも損失を避けたいと思う気持ち、利益が出たときのよろこびよりも、損をしたときの苦痛のほうがより大きく感じるようにできているのだ。

そうしたこともあって、理屈では「投資は預金よりも、効果的にお金を増やす方法だ」とわかりながらも不安が付きまとうのは、このような脳のはたらきが影響しているからかもしれない。

僕が多くの投資家を見てきたなかで、こうした心理的作用を克服して、投資で成功する人は、総じて次の8つのことを大切にしている。「社会をよくする投資」からはいったん離れて一般論になるが、あらゆる投資に通ずる「成功のための8つのカギ」に触れておきたい。

「8つのカギ」は次の通りだ。

①先入観をはずす
②株価（価格）ではなく価値に投資する
③経済法則を利用する（複利と分散）
④感情を排除する
⑤シンプルである
⑥予測しない
⑦投資に期限を設けない
⑧投資観を持つ

1つ1つ見ていこう。

①先入観をはずす

「投資は何となく怖い」「投資をはじめるお金がない」「投資はお金持ちがやるもの」。投資をしようと思いながらなかなか踏み出せない人からよくこうした声を聞く。投資に二の足を踏んでいるあなたも似たような感情を抱いていないだろうか。

こうした人に多い「3つの誤解」を解いてみたい。

1. 投資とは、「短期で利益を稼ぐ」ものではない。**「時間をかけて価値を増幅させる」**ものである。
2. 投資とは、「お金を貯めてからはじめる」ものではない。**「少額からでも早くはじめる」**ことがその効果を高める。
3. 投資とは、「お金持ちだからやる」ものではない。**「普通に生活する人だからこそ取り組む」**ものである。

この「3つの誤解」から解放されることが、投資に成功する第1のカギだ。まずは小さな一歩を踏み出してみよう。

②株価(価格)ではなく価値に投資する

2つ目のカギは、投資と投機を混同しないことだ。

投機とは、2章で見たように、短期的な価格の値動きに着目して利ザヤを稼いだり、一攫千金《いっかくせんきん》を目論《もくろ》んで博打《ばくち》のように投資商品に手を出すことをいう。一方、投資は「実態としての価値」に着目し、その「価値」が長期的に増える傾向を見込むものだ。

図26を見てほしい。左右にのびる一直線は、日本の株式市場に上場する会社の株主資本と配当金の増加率を累積で示したものだ。わかりやすくいえば、株主が得るリターンの源泉の推移である。これは、「実態としての価値」を示す1つの指標だ。

その1本の線を中心に、上下に変動をしながら推移しているのが、TOPIXの推

図26．企業の業績と株価の推移

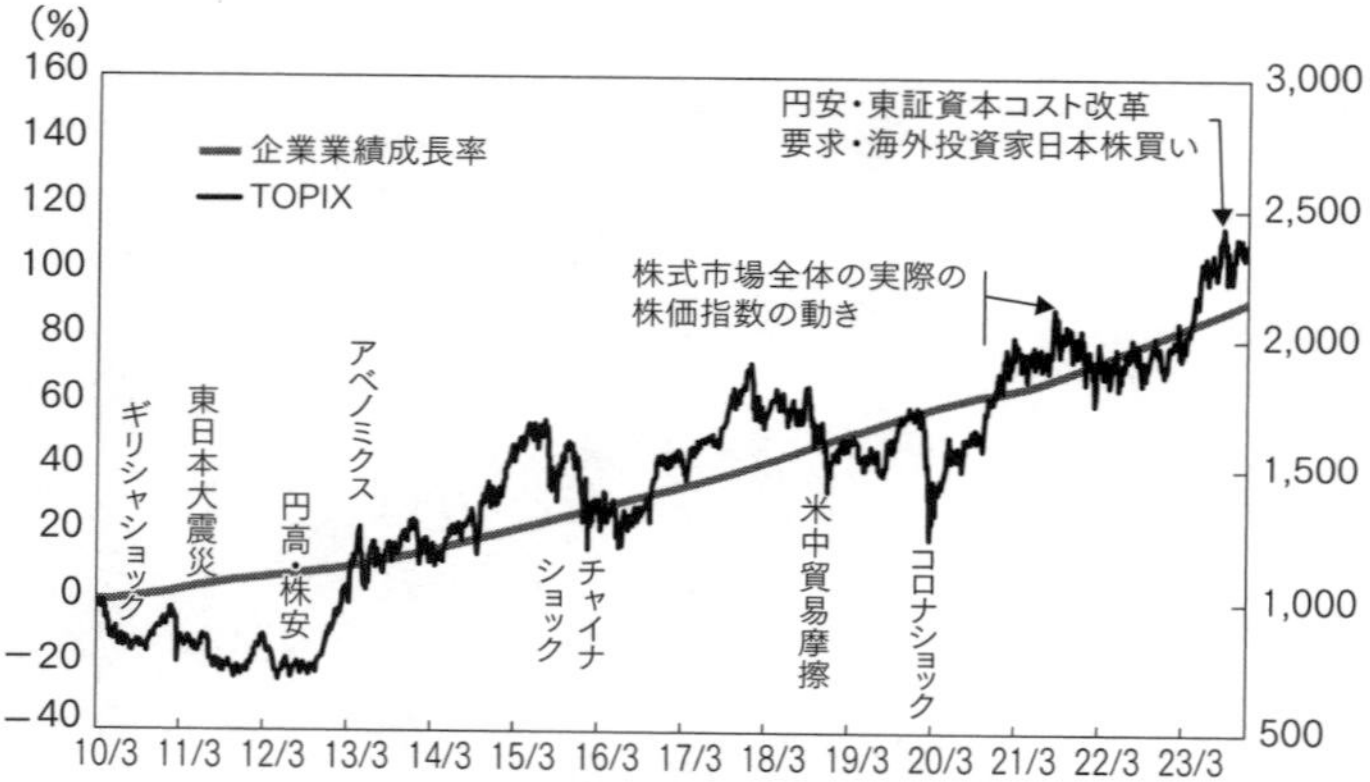

TOPIX採用銘柄_企業業績成長率は、株主資本に対する利益率を日割り換算して累積した値（基準日：2023年12月末）

移、すなわち株価である。

株価は、短期的には期待と不安で上下に変動するものの、長期的に見れば「実態としての価値」（業績）に収斂する傾向が見てとれる。

「株価は価値に収斂する」、これは法則といえよう。その法則に則り、**「株価（価格）ではなく、価値に投資する」**姿勢を持つことだ。

③経済法則を利用する（複利と分散）

成功する第3のカギは、2つの経済法則をじょうずに使うことだ。

経済法則の1つ目は、「複利の効果」で

図27. 法則1「複利の効果」
元金100万円を「結い 2101」の期待収益率と同様の年4%で運用できた場合のシミュレーション

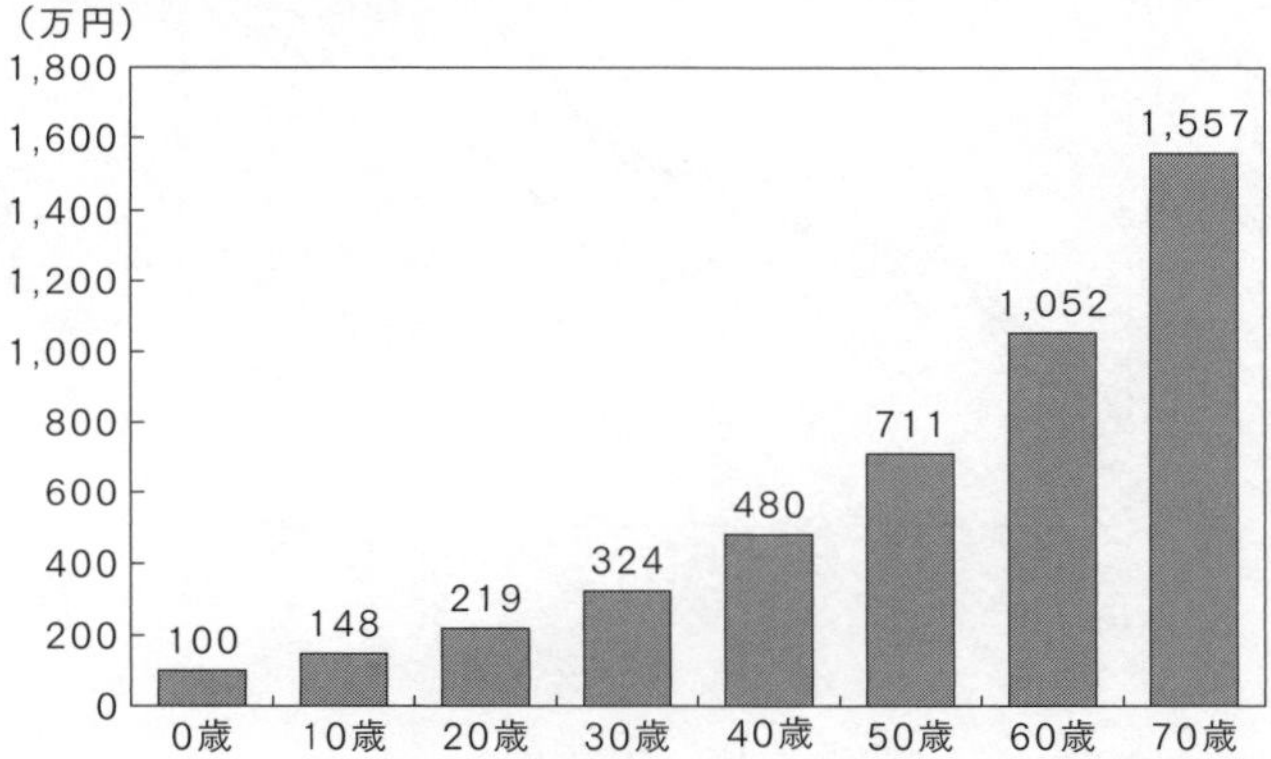

※将来の運用結果等を保証もしくは示唆するものではない

ある。

会社の「価値」は、時間の経過とともにその増幅額がふくらむ。投資先の価値が高まると見込まれるものであれば、じたばたせずに放っておけば、雪だるま式にリターンは高まる。図27のシミュレーションのように、同じ年率リターンでもお金の増加額は年を重ねるごとにふくらむ。

経済法則の2つ目は「分散投資の効果」だ。

お金を1つの投資先に集中してしまうと、予想が外れたときのリスクが大きくなる。そうならないように、異なる市場、異なる収益特性を持つ投資商品を複数組

図28．法則2「分散投資の効果」
日経平均株価とNYダウ平均株価を組み合わせた場合

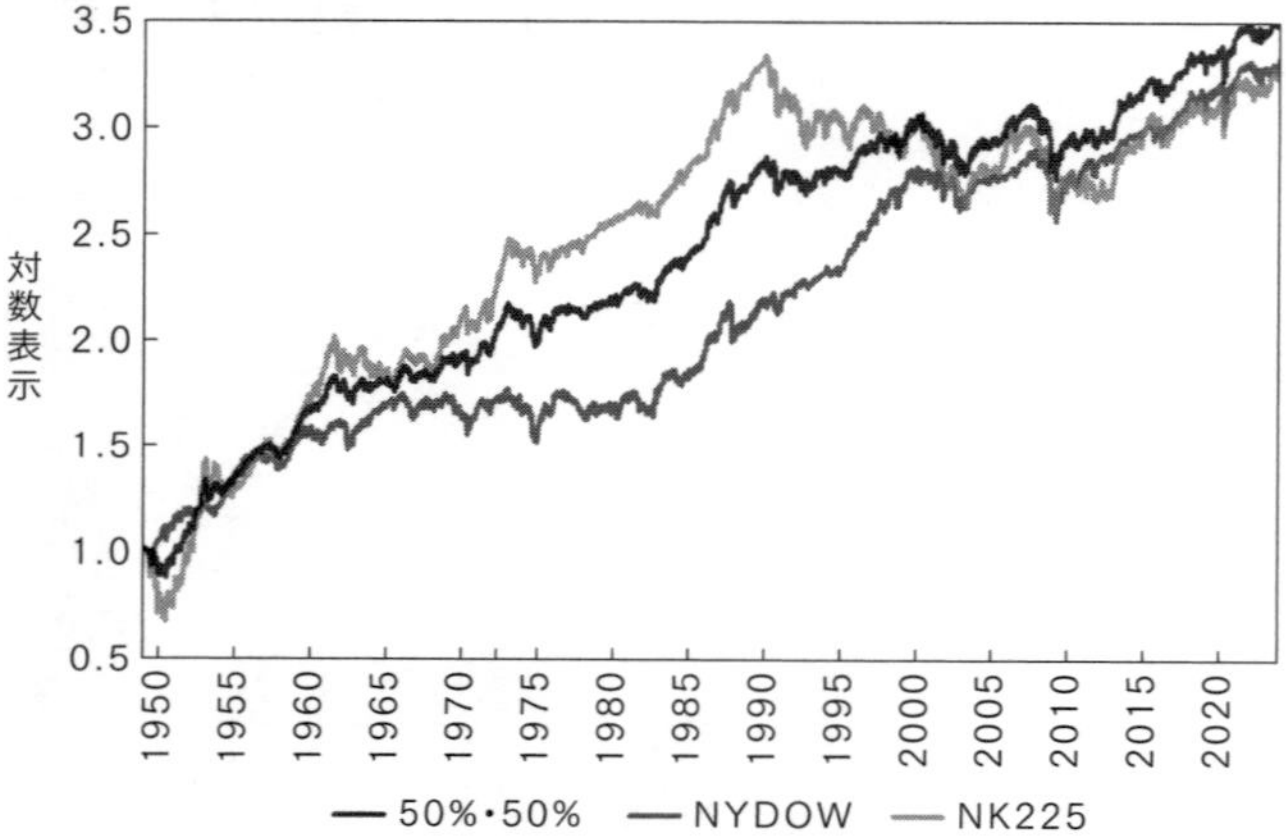

み合わせると、あなたの全体的なリターンは、より安定するのだ。

たとえばNYダウとTOPIXなど、異なる国の株式指数を組み合わせることで、リターンの上下の振れが小さくなり安定する（図28）。

「複利」と「分散」、この2つの経済法則を利用すれば、投資は成功に近づくといえる。

④感情を排除する

成功のカギの4つ目は、「感情を排除する」である。

世界情勢や経済情勢が目まぐるしく変化するなかで、投資で成功する人が実践していることをとことん突き詰めれば、この1点にあると言ってもいいのではないだろうか。

成功者は、その時々の感情に流されることなく、決めた投資方針に沿って淡々と投資を実行する。たとえば、金融市場の下落局面で、「さらに値下がりするのではないか」といった不安から保有する株式などを売却したり、株式相場が盛り上がってくると「乗り遅れまい」という焦りから慌てて購入したりするなど、感情に囚われて取引することはない。相場付きによって右往左往する投資家は、プロの投資家であってもよい成果を生むことはない。

「理性は友・感情は敵」だ。

⑤シンプルである

成功のカギの5つ目は、投資商品そのものが「シンプルでわかりやすい」ことである。

複雑な投資手法は、複雑であるがゆえに長く続けることが難しい。また、中身がわかりにくい複雑な金融商品は、当初想定した前提条件が崩れたときに、大きなマイナスを被るリスクが高い。サブプライムローン問題を発端としたリーマン・ショックがいい例だ。

「証券会社の営業マンにすすめられて買ったけど大損した。説明にもこないから、中身がまったくわからない」

投資で失敗した人からよく聞く言葉だ。気持ちはわからなくはないが、中身をよくわからずに投資をしたあなたの責任だ。すすめられるがままに、いろいろな投資商品に手を出すのは、あなた自身の資産管理が複雑になるのでご法度《はっと》だ。

「シンプルさは成功の要」、自分が理解できないものには手を出さないことだ。

⑥予測しない

6つ目のカギは、意外に思うかもしれないが「予測しない」ことだ。もう少し正確にいえば、「**予測に左右されない投資の枠組みをつくる**」ことだ。

「経済や金融市場の先行きを予測して、お金を増やすのではないのか？」と疑問に思う人もいるだろう。逆だ。実際のところ、社会情勢や経済情勢がグローバルに複雑に影響し合う状況下で、さまざまな出来事の発生可能性やその程度を予測し、なおかつ金融市場がどのように反応するかを的中させることは、専門家であっても至難の業《わざ》だ。

つまり、一貫して投資を継続するリスクに比べ、「的中する可能性の低い予測に賭けること」のリスクの方がはるかに大きい。

世界的に著名な投資信託の運用者であるピーター・リンチ氏の言葉に、次のようなものがある。「**株価が下がり、半分になったくらいで売ってしまうなら、最初から売買などしない方がよい。**何があっても持ち続けることだ。株価が大幅に下がるというのは、めったにない投資のチャンスなのだ」

将来性のある会社の株価が一時的に値下がりしたときは、「投資の機会としてとらえる」ことの重要性を語った言葉だ。実態としての企業価値やその将来価値に着目して投資するのであれば、短期的な株価変動は予測しなくてもよい、という意味であろう。

将来性のある「いい会社」の株式に投資する場合、経営努力によって会社は成長し、財務価値や株式価値は高まり、それに連動して株価も上昇することが見込まれる。そうした「実態としての価値」が高まる傾向にある投資対象資産にお金を振り向ける場合、値下がりを恐れるのではなく、むしろ値上がりのタイミングを逃さないことが重要となるのだ。

ＮＹダウ平均株価を例に、上昇タイミングを逃すことのリスクについて考えてみよう。同指数は過去１００年間で約５００倍、利回りに換算すると年平均＋６・３％になる。しかし、値上がり上位10日間を除くと利回りは５・２％となり、さらに上位30日を除くと３・６％にまで低下する。このように、値上がりのタイミングを逃すことは、投資において、かなりの痛手になる。

しかし、ここで直面する悩ましい問題は、値上がりのタイミングをはかること自体が至難の業である、ということだ。それを解決する方法が、「予測せずに投資し続けること」なのだ。

⑦投資に期限を設けない

成功の7つ目のカギは、「投資に期限を設けない」ことだ。これは、⑥の「予測に左右されない」投資手法の実践である。

よくお客様から「長期投資の期間とは何年をいうのですか」と質問を受ける。答えとしては、景気サイクルがある程度循環する「10年以上」などが一般的かもしれない。僕の答えは、「投資に期限を設けない。投資の期間は無期限である」。なぜなら、投資する会社は、持続的に成長する経営努力を続ける限り、その実態としての価値の増幅に「終わりはない」からだ。

投資につきまとう不安感を解消するためには、何よりも長期の視点を持つことが欠かせない。

「今後10年間、株式市場が閉鎖しても喜んで持ち続けることができる株式を買いなさい」

これは、世界的に著名な投資家であるウォーレン・バフェット氏の言葉である。

このメッセージには、次の3つの意味が込められている。

1. 短期的な株価（価格）変動に一喜一憂してはいけない。
2. （目先の業績ではなく）10年後に価値が高まっている会社の株式に着目し、投資する。この間の株価変動を気にすることは、時間の無駄である。
3. リターンの元となる投資する会社の価値は、「時間をかけて」成長する。

「投資に期限を設けない」、このことを心に留めて投資に向き合いたい。

⑧投資観を持つ

最後に、投資で成功する8つ目のカギは、意外に思うかもしれないが、「誠実であり、謙虚である」ということだ。「一貫した投資姿勢を保っていること」、そして、それを実践するために「**自分なりの投資観（軸）を大切にする**」ことである。

投資には、必ずその人の価値観や人生観が映し出される。あくせくする人は投資でも右往左往して失敗するし、謙虚さに欠ける人は、欲と驕《おご》りで足元をすくわれる。「変化に動じない投資観を持つ」ことは、自分らしい投資観を持つことであり、それを磨くものは、つきつめれば、謙虚さと感謝の精神ではないかと思うのだ。

投資観というと少々大げさだが、「コツコツと資産形成に取り組む」と心に決めることも立派な投資観といえる。

「偉大な投資家になるためには、金儲けのテクニックや知識を得るだけでは不足である。個人としての人格を高め育てることを生涯にわたって続けることが必要なのである」

米国の独立系運用会社 フランクリン・テンプルトンの創設者ジョン・テンプルトンの至言だ。

ではなぜ、「個人としての人格を高めること」が、投資の成功につながるのだろうか。人としての人格を高めるというと敷居が高くなるが、日頃から心の揺らぎや執着をコントロールすることができるようになれば、値動きに一喜一憂することもなくなる。

投資が、ただ自分のお金を増やす私利私欲のための手段としてではなく、投資する会社の事業の本質的価値を見定めて応援するといった社会的視座を内包するものに深化することもあるだろう。

結果的に、自分自身が大切にする価値観に沿った投資の軸が定まり、投資家としても成功の可能性を高めることにつながる。

多くの投資家を見るなかで感じることだが、人が長い人生のなかで培ってきた価値観や人生観と、投資方法は無縁ではない。**僕は、投資を含めて、お金について考えることは、「生き方」について考えることにつながると思っている。**将来の人生設計を考えるということに留まらず、お金そのものが、あなたが歩んできた一日一日の生き方から生まれるものだからだ。

命の使い方の積み重ねから生まれたお金を、何に使うか、どのように使うか。違う角度から見れば、お金の使い方で、価値観、人生観が変わったり、深まったりすることもある。自分なりの投資観（軸）を持つことは、人を成長させ、さらには「人格を磨く」。僕は、そう感じている。

あらためて、投資で成功するための「8つのカギ」をまとめた。

①先入観をはずす
②株価（価格）ではなく価値に投資する
③経済法則を利用する（複利と分散）
④感情を排除する
⑤シンプルであること
⑥予測しない
⑦投資に期限を設けない
⑧投資観を持つ

心を乱すことなく自分の価値観を反映し、「社会をよくする」投資を実践するうえで、ぜひ心に留めてほしい。

第5章では、「社会をよくする投資」の選択肢と、現状の課題を示した。また、投資を長く継続するうえで大切にしたい8つの心構えをまとめた。

第6章では、「社会をよくする投資」を15年間実践してきた僕が、実際にどのような会社のどのようなポイントを見ているか書いてみたい。

第6章

「社会をよくする投資」の実践

投資の「新しい選択肢」に求めるもの

「つい短期的な利益に目がいきがちですが、御社の報告会に参加すると、投資の意義や意味を考えます。投資の初心に帰れるんです」（50代女性）

これは、鎌倉投信のお客様から寄せられた声だ。

「社会をよくする投資」とは、単にお金を増やすという視点だけでは成り立たない。社会課題を解決したり、社会を豊かにする価値を創出する会社が増え、発展成長につながる投資であるかどうかだ。リターンを求めるだけではない、新たな投資観が求められる。

どうせお金を増やすなら、**リスク・リターンだけではない第3の軸、**社会にとって何がいい投資なのか、未来にとって何がいい投資なのか、自分にとって何がいい投資なのか、という新たな軸を設けたい。

つまり、

1．お金を増やすだけではない、「いい会社」への投資
2．お金を増やすだけではなく、「いい未来」をつくる投資
3．お金を増やすだけではなく、「自分の成長」につながる投資

これらを僕は提唱したい。少し地味に感じるかもしれないが、「社会をよくする投資」は、いままで金融市場のうえで規定化されたリスクとリターンだけにとらわれない、投資の新たな軸の中にあると感じている。

いまあなたが目にする金融商品の多くは、自分のお金がどこに流れているのかを十分に知ることはできない。あなたのお金が原資になっている預貯金や年金、保険も、あなたの知らないところでいろいろなものに投資されている。

だからといって、僕たちは、自分のお金が向かう先について無関心であってはならないと思う。自分のお金の行き先に関心を持つ、貯めるだけではなく使い方にも関心を持つ。一人ひとりのこうした意識がお金や経済の暴走を防ぎ、自律性のある資本主義の土台になると思っている。そしてそれは、僕たち一人ひとりの生活の土台でもあるのだ。

そんな思いで立ち上げた運用会社が鎌倉投信であり、独自の視点で社会をよくする「いい会社」に厳選投資をするファンド「結い２１０１」だ。

「社会をよくする投資」実践の15年

鎌倉投信が公募型の投資信託「結い２１０１」の運用を開始したのは、２０１０年3月。名前の通り、鎌倉に拠点を置いている。

現在は、個人・法人合わせると約2万2千人から預かった約５００億円を運用し、独自の視点で「いい会社」約70社に厳選投資をしている（２０２４年3月末現在）。投資先は、主に日本の上場会社だ。

また、2021年3月から開始したスタートアップ支援の「創発の蕾《つぼみ》」では、日本が抱える10の社会課題を起点として新たな事業を生み、社会変化を創発する可能性を秘めたスタートアップに18社に投資している（2024年3月末現在）。

この2つの投資商品を通じて「いい会社」に投資をし、社員数人のスタートアップから100年を超えて続く上場会社までを応援しながら、「投資家の経済的な豊かさと社会の持続的発展の両立」をめざしている。

やればやるほど赤字がふくらむ「死の谷《デスバレー》」

鎌倉投信の創業前、僕は日系・外資系合わせて20年もの間、大手の金融機関でひたすら資産運用の仕事に取り組んできた。とりわけ外資系の運用会社は、しっかりした投資哲学と優れた運用力を持ち、ノーベル経済学賞を受賞してもおかしくないほどの優秀な人材に恵まれた職場だった。

しかし、そのようなまっとうな運用会社でも、お客様や社会にいかに貢献するかよりも、株主（親会社）からの利益目標達成への要請にいかに応えるかというプレッシャーが年を追うごとに強まっていった。お客様である年金基金の多くも、より高いリターンを上げることを運用会社に求めてくる。

鎌倉投信設立当時、僕はすでに金融業界で働いた20年で、違和感をぬぐいきれない自分に気づいていた。難易度は高くても、「本当に必要とされる運用会社」をつくろうという気持ちは寸分も揺《ゆ》らぐことはなかった。

しかし、思いだけで事業が成立するほど、人の大切なお金を預かる資産運用ビジネスは甘くはない。実績もなく、知名度もなく、資金力もなく、販売も他社に依存しないなかで、すぐにお客様が投資してくれるわけはない。一方で、自社で金融商品の販売を行うとなると、人やシステム、さまざまな法規制を順守する要件を満たすために多額の投資が必要となる。

事業をはじめてから5年くらいの間は、やればやるほど赤字がふくらむ「死の谷（創業から黒字に転換するまでの厳しい期間)」が続いた。その状況を支えてくれたのは、理念に共感してくれたお客様であり、株主であり、取引先であり、何より社員だった。鎌倉投信は、上場をめざしていないので、株主は純粋な支援者である。

「死の谷」のどん底で、とある上場会社のオーナー社長に、鎌倉投信への出資をお願いにいった。「話だけでも聴いてほしい」と3度目の手紙を書いたとき、その社長の秘書から連絡をもらった。彼は、僕がなぜ鎌倉投信を立ち上げたのか、ここで何をやろうとしているか、しっかりと聴いてくれた。数字上の計画には目も向けなかった。

そして、面談の最後にこのように言ってくれた。

「出資もするし、お客様も紹介しよう。だが、2つだけ約束してほしい。最初の志を絶対に曲げないこと。必ず最後までやり切ること」

「もちろんです」とうなずきながら、僕は涙をこらえることができなかった。

少し前に、決算報告のため彼にまた会いに行った。まだ配当金を出せていない状況を詫《わ》びると、**「そんなことはどうでもいい。1つのことを貫くことは文化をつくること**

だ。いい投資の文化をつくれ」といわれた。これもまた心に沁《し》みた。

会社設立から15年が経ち、企業活動においても、市民生活においても、社会をよくするという視点はどこか不可欠になり、世の中の流れは、じわりと変わってきたと感じている。

彼の言う「文化」の一端を、僕たちは担《にな》えているだろうか。

日本家屋が100年もつ理由

日本では、運用会社といえば金融の中心地・東京に拠点をおくのが常識だが、鎌倉投信の本社は、ＪＲ鎌倉駅から20分ほど歩いた緑に囲まれた場所に静かにたたずんでいる。本社屋は築１００年になる日本家屋だ。

「なぜ鎌倉の日本家屋で資産運用なのか？」という質問をよく受ける。一言でいえば、鎌倉投信の価値観や信条を表現しやすい場所を拠点にしようと考えたからだ。鎌倉は、自然や伝統文化に恵まれ、日本で初めて武家社会をつくった革新的な土地でもある。築１００年になる日本家屋を拠点にしたのも、古くからあるものを大切にしながら新たな価値を創造していきたいという思いを込めた。

会社設立当時の本社屋は、しばらく空き家だったので、床は抜け、雨漏りもする状態だった。修繕してくれたのは地元の工務店さんだ。焼き瓦《がわら》を1枚1枚丁寧《ていねい》に直してくれた瓦職人とのやりとりは、いまでも鮮明に覚えている。

黒く日焼けした瓦職人は、屋根を眺め、一服たばこを吸いながら僕にこう言った。

「いい屋根をつくれば、家は100年くらい保てるよ」

僕は、「家を100年もたせるいい屋根というのはどういう心構えでつくるのですか?」と尋ねた。すると、瓦職人は「そうだな、いろいろあるんだが」と言う。

1つ目は、自分の家だと思って心を込めてつくること。

2つ目は、1枚1枚の瓦には「個性」があるので、見極めて組み合わせをよく考えること。こうした小さな仕事を丁寧にできる人は、寺社仏閣の大きな屋根を扱うこともできる。

3つ目は、周りの山や植えてある草木、風向きとの調和が大事であるということ。

4つ目は、土台をしっかりとつくること。
そして最後は、時として遠くから眺めること。

僕はこの話を聴いたとき、**「100年続く会社経営にそのままあてはまる」**と感じた。会社や顧客に対し、自分の家や家族のように誠心誠意を尽くす。1枚1枚の瓦は、社員一人ひとりにおきかえればわかりやすい。「周りとの調和」とはステークホルダーとの関係性、「土台」は経営理念や志、「ときどき遠くから眺めること」は、時代の流れを俯瞰《ふかん》すること。

1つの道を究めた職人から、会社経営に通じる大切なことを教わった気がした。いま、木造家屋を扱える職人さんは、どんどん減っている。

また、鎌倉時代といえば、武家社会という新たな統治機構をつくっただけではなく、金融を通じて社会や経済が発展した時代でもある。通貨の統一化が図られたり、手形という制度ができたりしたのもこの時代といわれている。信用組合などへと連綿と受け継がれた相互扶助の金融は、まさにこの場所から芽生えた。その中心にあった鎌倉の地から、いい社会をつくる投資のありかたをめざすことに縁を感じている。

優れたファンドにあるもの

優れた運用会社には、必ず一貫した投資哲学がある。投資哲学とは、会社でいえば経営理念のようなもので、お客様の大切なお金を預かり投資をしていくうえで、絶対にブレさせてはならない憲法のような存在だ。

通常の運用会社では、株式などに投資をするとき、事業の成長性を見たり、財務分析をしたり、それに対して株価が割安か割高かなどを判断して投資する。

鎌倉投信は、もちろんそうしたことは行うが、何よりもその会社の本当の価値、真価を見定めることを行っている。

鎌倉投信の投資哲学は、「投資はまごころであり、金融はまごころの循環である」だ。「突然、まごころ?」と感じる人がいるかもしれない。鎌倉投信が言う「まごころ」とは、嘘偽りのない本物の価値がどこにあるのかをしっかりと見定めるということだ。

表面的な財務諸表や株価だけを見て投資するのではなく、本当に、人や社会、未来にとって「いい会社」かどうか、事業としても広がりを持つかどうかを見極めて投資をすることを意味する。**単なる優しさや思いやりを表したものではない。むしろ、厳しく本物を見る目を持つという意思の表れである。**

それだけに運用会社にも深い洞察力が求められる。そのため、鎌倉投信は、単に財務諸表を分析したり、レポートを読んだり、投資家ミーティングで社長の説明を聞くだけで投資することはない。何度も何度も現地を訪問し、会社の雰囲気を感じ取ったり、仕事をする現場を見たり、社員や場合によっては取引先と話をすることをくり返す。その期間が何年にもおよぶこともある。そうした間に、鎌倉投信との対話を通じて「いい会社」になろうと努力してくれる会社も出てくる。

鎌倉投信は、こうして投資すると決めたあとは、「いい会社」が「いい会社」であり続ける限り、全売却を前提とすることなく「投資し続ける」ことを投資の基本姿勢としている。

通常の運用会社は、個別の株式を選別して投資を行う運用であれば、足元の業績動向を見て売り買いを頻繁に行ったり、株価が上昇すれば利益確定のために売却をして、他の投資先に「乗り換える」ことも当たり前に行う。

しかし鎌倉投信はそれをしない。いつでも株式市場で売却できるというカードを持ちながらも、それを行わないという投資姿勢があるからこそ、投資先の会社との信頼関係を築くことができる。そしてお客様にも、自信を持って「いい会社」の取り組みを説明することができるようになるのだ。

▼自分も豊かに、社会にも役立つ

いろいろな会社の株式に投資をするということは、株主として会社の方針を決める議決権や、利益の分配を得る権利などを有することを意味する。しかし、それができるのも、そこで働く社員や取引先、取引先のさらに先にいる人、さらに企業活動を可能とする自然環境があるおかげである。しかし株式やモノを市場を通じて買うとき、そうした関係性は想像しないと見えてこない。人や自然に対して、感謝や畏《い》敬《けい》の気持ちを持つことが「まごころの循環」である。

買い物や食事をしてお金を払うとき、人はよくお金を払う相手に「ありがとう」と口にする。また、食事のときには「いただきます」「ごちそうさま」と手を合わせる。それは、元をたどれば、目の前の人だけではなく、それに関わる多くの人への感謝、自然の恵みへの感謝の気持ちを表す言葉だったはずだ。

投資もまた同じなのだと僕は思う。目の前には見えない多くの人のおかげで、会社は運営され、モノやサービスが生まれ、社会に価値を提供し、売上・利益につながり、その一部が株主に還元される。株式投資で利益が得られるということは、実はそんなつながりの恩恵を受けている。

鎌倉投信の投資哲学を、お客様の声から実感することも多い。

「『結い２１０１』をはじめて約1年になりました。私も豊かになりながら社会にも役立っている。これが気持ちいいのです」（60代女性）

「貴社の投資先が成長すること、そこに自分のお金が関わっていることに、とてもワクワクします。息子に『本当の投資とは何か』と教えるとてもよい機会になります」(30代男性)

とてもありがたいメッセージだ。

半世紀以上にわたって、長く金融市場に君臨してきたリスクとリターンという二項の軸に、新たな投資の可能性を広げる第3の軸。先ほど挙げた次の3つだ。

① お金を増やすだけではない、「いい会社」への投資
② お金を増やすだけではなく、「いい未来」をつくる投資
③ お金を増やすだけではなく、「自分の成長」につながる投資

1つ目の「いい社会をつくる投資」について、まずは考えてみたい。鎌倉投信では、シンプルに「いい会社」への投資こそが「いい社会」をつくると考えている。「いい会社」とはどんな会社をいうのだろうか。

①お金を増やすだけではない、「いい会社」への投資

そもそも会社は何のために存在するか

どんな行動にも目的と手段と結果がある。そして、そのなかで最も大切なことは目的であって、仮に手段（やり方）がうまくいって結果が出たとしても、目的なき結果によって、関わる人の幸福が長く続くことはない。

ときどき日本を代表する大手会社の幹部の方々を前に講話をする機会がある。皆さん大変有能で事業戦略などには詳しいのだが、「皆様は誰のために、何のために業績を高めなければならないと考えますか」「あなた自身は、一人の人間として、会社の事業

を通じて何を成し遂げたいと思っていますか」と問うと、明確な回答は返ってこない。目的なき手段のなかで悩み苦しむ企業人はとても多いのだ。

会社の存在目的は、利益を上げることでも株価を上げることでもない。「会社に関わるすべての人の幸福の追求」だと僕は考える。とりわけ社会的影響力の大きな大会社や上場会社は、その責任を担う主役である。

そうした会社に投資をする株主もまた、会社が社会を幸福にするための取り組みをサポートし、その存在感を高める役割を果たす存在だ。投資のリターンは、事業の発展に貢献した結果として、利益の一部が還元されるものだからだ。

社会に貢献しようと努力している会社が本来果たすべき役割を、ときに厳しくサポートすることが「社会をよくする投資」といえるのではないだろうか。

「いい会社」を見る3つの視点

僕は、鎌倉投信を創業してからずっと「いい会社」とは何かを問い続け、見続けて

図29.「いい会社」を見る鎌倉投信の3つの視点

- 人　人材を活かせる会社
- 共生　持続的社会を創造する会社
- 匠　日本の匠な技術・感動的なサービスを提供する会社

人	共生	匠
社員個人の尊重	顧客・取引先	商品・サービスの優位性・独自性
企業文化	地域社会	市場性 収益性
経営姿勢	自然環境	変化への対応力 革新性

きた。そのなかで、「いい会社」を見る大切な視点が3つある。鎌倉投信では、それをわかりやすく「人」「共生」「匠《たくみ》」と表現している（図29）。

①人：会社の事業を担う社員を大切にしているかどうか

「人」とは、人材を生かせる会社かどうかである。社員個人の尊重、企業文化、経営姿勢などから醸《かも》し出される会社の雰囲気の中に、会社の存在目的である「ありたい姿」、言葉を換えると「わが社は何屋か」が明確であるかどうかである。

②共生：誰とともに社会に価値を提供

しようとしているか

「共生」とは、多くの人とともに持続的な社会をつくっていくという視点から、顧客、取引先、地域社会、自然環境などとよい関係を築いているか否かである。そこには、個社を超えた他者との共感があるはずである。

③匠：他社にはない独自の強み、差別性があるかどうか

さらに「匠」は、それを「どのように実現するか」という観点から、商品・サービスの優位性や独自性、市場性や収益性、変化への対応力や革新性に強みを有するかどうかである。

3つの観点「人」「共生」「匠」は、相互に深く関係するもので切り離すことはできない。そして、会社の本気度は、相互のつながりを深くする。深ければ深いほど会社の発展性と持続力は高まり、社会に影響力を持ち続ける。

これが鎌倉投信の考える「いい会社」が持つ資質であり、いずれも経済的価値やESG投資など画一的な指標では測ることができない。「いい会社」を見る着眼点について、いくつかの会社の事例を交えながら紐解いてみよう。

①「人」：企業文化が最高のガバナンスをつくる

いい社会をつくるのは人であり、人が共通の目的を持って集まった組織が会社である。そういう意味では、株式に投資するということは、会社で働く「人」に投資しているともいえよう。

会社は、存続していくためには他社との「違い」、すなわち「個性」がなくてはならない。各社の思想信条が純粋で、深ければ深いほど、自ずと違いが表れ、会社の個性となり、それが差別化の源泉へとつながる。

では、個性の基礎をなすものは何だろうか。人においても会社においても同じで、自らが大切にする**価値観や世界観**ではないだろうか。「いかにありたいか」「わが社は、何屋であるか」を自らに問い、組織および個人の活動を通じて「何を実現するか」という目的達成への自覚から生み出されるものではないだろうか。

会社の社会的責任において本質的に大切なことは、ジェンダー、年齢、国籍、ハンディキャップといった概念を表面的に解消することではなく、組織に集うあらゆる個性の表れの度合いであり、その個性を調和させて方向づけてゆくことができる「企業文化の醸成」だと考える。

そして、企業文化をつくる大切な要素であり、個人の仕事ぶりや個性の発揮に強い影響をもたらすものは、何よりも社内で繰り返される言葉、すなわち経営理念ではないだろうか。それこそが、個性の求心力の中心であり、ESGで言うところのG（ガバナンス）の根幹をなす。

上場会社におけるガバナンスとは、一般に「会社が、株主をはじめ顧客・従業員・地域社会などの立場を踏まえたうえで、透明・公正かつ迅速・果断な意思決定を行うための仕組み」と定義される。* 一般には、これを測る項目として、取締役会の人的構

＊（「コーポレートガバナンス・コード～会社の持続的な成長と中長期的な企業価値の向上のために～」東京証券取引所）

成や監査委員会の独立性、経営陣の報酬開示、汚職や不正防止といった企業倫理などが挙げられている。

しかし、こうした取り組みで優良とされる会社でも、しばしば不祥事や経営を揺るがしかねない問題が生じるように、会社の持続的成長を支える重要な柱は、他にあるのではないだろうか。僕は、それが以下の3つではないかと考えている。

1. 経営思想
2. 健全な危機感
3. 経営を革新する力

会社の存在目的を達成するためにこれらの3つを機能させ、持続させるための仕組みづくりこそがガバナンスの本質、つまり経営管理の根源だと思う。いずれも定量的に測ることが難しいだけに、経営者と繰り返し面談するなかで発せられる言葉や実際の行動、現地を訪問して職場の雰囲気や働く人の表情などに実際に触れることによって感じとるものだと思っている。

▼サイボウズ

社内で利用するグループウェア「キントーン」などを開発するサイボウズは「チームワークあふれる社会をめざす」ことを経営理念に掲げる。それを実施するための「自由闊達《かったつ》で創造的な議論ができる組織風土づくり」は、経営の最重要テーマだ。難易度が高く、僕も含めて多くの経営者が悩み苦しむ課題でもある。

同社では、かつて離職者が相次いだ。苦しみ抜いたなかから導かれた答えが、「100人いたら100通りの働きかたがあってよい」という経営方針の大きな転換だった。

その後、同社が実践したさまざまなワークスタイル変革は、まさに「自由闊達で創造的な議論ができる組織風土づくり」への挑戦だったと僕には映る。同社にとっては、こうしたプロセスの実践こそが、何より重要なガバナンスである、といえるだろう。

以前、サイボウズとＩＲ(Investor Relations)面談を一般にオープンにして行ったことがある。その際、僕の同僚で強い信頼をおく運用責任者の五十嵐《いからし》が言った言葉の意味は重要である。

「『歴史は繰り返す』といわれるが、企業活動も歴史を繰り返しているように感じる。その『繰り返し』は何からくるのかといえば、多くは企業理念によるところが大きいのではないか。サイボウズの当初の企業理念は何をめざしているかがわかりにくく、おそらく社員もしっかりと腹落ちしていなかったのではないだろうか。

その後、グループウェアにリソースを集中し、『チームワーク』という言葉が出始める。そこからコアの価値観が社内に浸透し、『チームワーク』を中心としたサービスが開花しはじめた。こうして、企業理念のうえに歴史はつくられていくのである」

目的が真の意味で定まったとき、会社は成長する。このことを感じさせる言葉だった。

▼アイ・ケイ・ケイホールディングス

現場における善悪の判断のよりどころは、上司の顔色をうかがったり忖度《そんたく》したりすることではなく、常に経営理念に立ち戻れるか否かである。それに気づかせてくれた会社が、日本全国でハウスウェディングを展開するアイ・ケイ・ケイホールディングス（佐賀県・東証プライム上場）である。

僕は、「いい会社」を見るときに「経営理念を、どのような場面で、どのように共有しているか」、さらには「経営理念がその会社の意思決定や社員一人ひとりの行動に、どのような影響を与えているか」にいつも関心を持っている。その点において、深く記憶に残った場面が、お客様数十人とともにアイ・ケイ・ケイを訪問した際の社員とのやりとりだった。

福岡の結婚式場を見学し、「ご縁ある人々の笑顔と幸せのために」という経営理念を大事にする金子和斗志《かねこかつし》会長の講演を聴いた。その後、社員3人とお客様が対話する場面があった。そのときお客様の一人が、社員にこのような質問を投げかけたのだ。

「会長から経営理念について話を聴いたが、みなさんにとって経営理念とは何ですか」

お客様は、率直なところ社員にどの程度浸透しているかを尋ねたかったのかもしれない。非常に答えにくい、しかし本質をついた問いに会場は固唾《かたず》を呑んだ。

入社して半年ほどの新入社員は、「困ったときに立ち戻るものです。そこには問題解決のヒントがあります」と答えた。

入社2年目の社員は、「私にとっては、私生活においても大切にしている指針です」と答えた。

入社6年目の中核社員は、「私にとって経営理念は、人生を照らす光のような存在です」と答えた。

間髪を容れずに発せられた社員の言葉には、迷いがなかった。自分の中に腹落ちした、嘘偽りのないものだと感じた。日頃から経営理念が繰り返し反芻《はんすう》され、自らの考えや行動を振り返る写し鏡のようになっているからこそできたのだろう。

もとより経営理念の受け止めかたは、全員が一律ではなく、多様であるのが自然である。大切なことは、自己の個性と共鳴させ、日々の行動のなかで実践する力に変えているか否かである。同社は、経営理念を共有する取り組みのなかで、自らに問いを立てさせ、共感へと高めていた。

困ったときには経営理念に立ち戻る。最高のガバナンスではないだろうか。

②「共生」：見るべきは「本気度」

サプライチェーン

社外にいる人や自然との関係性は、年を追うごとに重要度が高まっている。「いい会社」の3つの観点「人・共生・匠」のうち、「共生」という視点だ。

自然・地球環境においては、単に「地球に優しい」では済まされない。使用する自然資本をプラスにするための取り組みが求められはじめた。これは、人権や自然環境、これらに関連するサプライチェーンへの問題意識の高まりと無縁ではないだろう。個社単体で成長する時代から、取引先や顧客、地域などとともに価値を共創し、ともに発展する時代への変化を意味する。こうした動きは今後ますます強まることから、「共生」という視点はさらに重要性を増すことだろう。その代表がサプライチェーンだ。

サプライチェーンとは、企業が商品（モノやサービス）をつくるうえで必要な原材料の調達から商品を顧客に届けるまでの生産・流通プロセスをいい、一般には、サプライヤー（供給者）全体における法令遵守、品質管理、人権尊重、情報開示姿勢などが評価される。しかし、経済のグローバル化によって国際分業が進み、サプライチェーンはより広範に、かつ複雑化している。そのため、その実態を把握することは容易ではない。

しばらく前に、綿の世界的産地「新疆《しんきょう》ウイグル自治区」の人権問題が頻繁に報道され話題になった。2020年、オーストラリア戦略政策研究所が、同地に関わる強制収容や強制労働などの実態調査をまとめた。日本企業14社を含めた外国企業（中国籍外）83社が、これによる利益を得ていると報告したことがきっかけだ。これを受け、アディダスやナイキ、H&Mといったグローバル企業が新疆産の綿を使用しない方針を表明した。日本では、カゴメ（愛知県・東証プライム上場）が新疆産トマトを使用しない意思を示した。

こうした日本から離れた遠い地域で起きていることの実態を、投資家が調査することは難しい。しかし、**経営者の言動などからサプライチェーンの細部に心を配る経営姿勢を感じることは少なくない。**

あるとき、漢方薬の開発・製造・販売を行うツムラ（東京都・東証プライム上場）の加藤照和社長と面会した。漢方の原料となる生薬の産地（主に中国）を自ら訪問し、その実態を把握しながら、「農家の生活が不安定になることがないよう配慮している」と話を伺った。問屋を通すケースもあるので、100％産地を特定することは難しいかもしれないが、そうした努力は信頼できると感じたものだ。

▼エフピコ

誰とともに価値を共創するかという視点に立つとき、取引先との関係構築は重要な意味を持つ。

あなたは1日に1回は、弁当や総菜などを入れるプラスチック容器を目にしたり手にしたりするだろう。そのプラスチック容器などを製造販売する日本一の会社が、エフピコ（広島県・東証プライム上場）だ。

エフピコは、廃棄トレーによる環境汚染が社会問題にならないように30年以上前からトレーの店頭回収によるリサイクルをスタートした。そして全国1万か所を超えるスーパーなどからトレーを回収し、新たなトレーにつくり替えるリサイクルの工程で重度の知的障がいを持つ社員が活躍している。こうした社員が、根気と正確性が求められるトレーの峻別《しゅんべつ》の仕事に一所懸命に取り組むことによって、同社のリサイクルの効率が高まり、本業における競争優位性につながっている。

同社の障がい者雇用率12・5%(2023年3月時点)という高さもさることながら、**難易度の高い重度障がい者の雇用、本業と直結した業務で雇用を生んでいる点を鎌倉投信でも高く評価している。**

さらにエフピコは、自社の商品を供給するスーパーなどにも障がい者雇用のノウハウを提供し、人材の多様性を社会に広めていることに注力している。これによって顧客であるスーパーは、人手不足のなかで人材を確保しつつ多様な雇用機会を創出し、スーパーで買い物をする人や社会からの共感や信用を高めているのである。まさに顧客とともに取り組む社会価値の共創の事例である。

見るべきポイントは、独自性、質の高さ、本気度であり、さらには個社を超えて、取引先や顧客などとの価値共創につながるか否かである。そして、エフピコは、新たなステージに向けて東南アジアへの進出をめざして歩みはじめている。

自然環境との対話

一般に、会社が環境課題に対して、しっかりと取り組んでいるか否かを見るときの代表的な評価項目として、気候変動、自然環境保護、生物多様性、水や大気の汚染、廃棄物管理などが挙げられる。「いい会社」を見る3つの視点でいえば、「共生」、さらには「匠」で測られる項目だろう。

近年、環境に対する企業の取り組みについて、世界の投資家の注目度が一段と高まっている。

その背景に、近年、世界各地で頻繁に発生している大規模な自然災害がある。そのことについて、国連や世界経済フォーラムも強い警鐘を鳴らすようになった。人や社会の営みを維持するために、日本を含めた世界の主要国、主要機関が、人や経済中心の発想から「人と自然との共生」へ、意識と行動を転換させざるを得ない状況になった、といえるだろう。

▼花王

このような大きな動きのなかで、日本でも、環境問題への取り組みを自らの事業存続に必要不可欠な重要テーマとしてとらえる企業が増えてきた。たとえば、花王（東京都・東証プライム上場）は、環境問題を含めた自社のＥＳＧ戦略について、２２５ページにおよぶ「Kirei《キレイ》 Lifestyle《ライフスタイル》 Plan《プラン》」を策定した。

花王は、２０３０年までに脱炭素・ごみゼロ・大気および水質の汚染防止などの達成目標を掲げている。また２０４０年までにカーボンゼロ、さらには２０５０年までにカーボンネガティブ（排出量を吸収量で相殺するのではなく、排出量より吸収量を多くすること）をめざす宣言や、使用電力を１００％再生可能エネルギーでまかなうことをめざす国際的なイニシアチブ「ＲＥ１００」への申請など、本気度がうかがえる。

こうした動きは、とりわけブランド価値を大切にする大手企業において加速するだろう。

▼トレジャー・ファクトリー

長期間活用するという観点では、リサイクルやリユースも大切だ。たとえば、不要品に新しい命を吹き込んで、世の中に再び送り出す総合リユース事業に取り組む、トレジャー・ファクトリー（東京都・東証プライム上場）は、この領域に本業で取り組む「いい会社」である。

中学生のときから起業をめざしていた野坂英吾社長は、50個の事業アイデアを考えていくなかで、バイト先の量販店のゴミ置き場に、まだまだ使える家具や家電などがたくさん捨てられている光景を目のあたりにした。これをヒントに、不要になった衣類やモノと、そこに新しい価値を見出した人とをつなげるリユース事業をはじめた。

１９９５年に、手元資金わずか30万円からはじめた事業は、２０２３年度には国内・海外で10業態２３０店舗を超え、売上高は約２８２億円にまで成長した。

同社の事業を通じて、年間1700万点以上の衣類などが、捨てられずにリユースされている。「使い捨て」が当たり前だった創業当時、リユースが社会に浸透し、社会をよくするプラットフォームになることを予想できた人はいないだろう。

創業から四半世紀が経ち、「使って循環させること」は当たり前の光景になってきた。野坂社長の信念と経営力に心から敬意を表したい。

③「匠」：他社にはない独自の強みがあるか

日本のモノづくりの代表的な会社といえば、トヨタ自動車や日立製作所などが頭に浮かぶだろう。しかし、「結い2101」の投資先は、どちらかというとそうした大手ではない。「この会社のこの技術がないとパソコンがつくれない」「この会社のこの部品がないと携帯電話がつくれない」といった、ニッチな分野で高い技術力や商品力を持つ会社に着目している。

たとえば、70年間「光」の可能性を探求し続け、独自の光技術を持つ浜松ホトニクス（静岡県・東証プライム上場）や、半導体などの高機能化学薬品「フォトレジスト」の製造において、あらゆる顧客ニーズの変化に応え続けてきた東京応化工業（神奈川県・東証プライム上場）などだ。

こうした会社は、技術革新によって産業構造が変わったとしても必要不可欠な技術・部品を供給でき、価格競争力も高い傾向にあるからだ。

「結い２１０１」が、「匠」の投資先で重視している判断ポイントは、次の３つだ。

①商品・サービスの優位性・独自性
②市場性・収益性
③変化への対応力・革新性

また世界的に持続可能性が重視されはじめたということは、「持続性に対してお金を払う時代になった」といえる。企業は、地球環境を含めた社会の持続性を高める（少なくともマイナスの影響を与えない）ことが事業継続の前提となり、その過程が厳しく測られるだろう。

「社会をよくする投資」をするという観点からは、**「本業のど真ん中」**で社会の持続性を高める事業領域に本気で取り組む企業を発掘し、応援したいところだ。

▼三浦工業

前の「共生」にも通じる環境負荷の軽減に貢献する技術を、「本業のど真ん中」で開発する個性的な会社も少なくない。愛媛県から世界ナンバーワンの産業用ボイラ・メーカーをめざす三浦工業（愛媛県・東証プライム上場）である。

蒸気から熱をつくりだすボイラは、クリーニングや食品加工、滅菌洗浄などさまざまな産業分野で利用される熱供給機器の一種である。なかでも同社は、熱効率を高めた小型貫流ボイラに強みを持ち、その分野で国内60％のシェアを持つ。

「ボイラの熱効率」といってもピンとこないかもしれないが、たとえば「ガスコンロの熱効率」が約30％といわれるなか、同社は独自の技術開発によって98％にまで高めてきた。

さらに、原水から排水処理にいたるさまざまな工程で発生するエネルギーロスや排水を資源として再利用する技術を開発・提供することによって、製造工程全体から排出されるCO_2削減や水の浄化、エネルギー効率の向上に大きく貢献している。10度の低温排水から最大75度の熱水に再利用できるというから驚きである。

こうした同社の取り組みは、海外からも高く評価されている。「中国の空を青くしよう」というスローガンのもと、カーボンニュートラルの実現に全面的に取り組む方針を発表した中国において、同社は石炭を燃料とするボイラから大気汚染物質が発生しにくいボイラへの入れ替えを推進している。

「本気さ」への投資

ESG投資など「社会をよくする投資」を標榜《ひょうぼう》する投資商品は、あるにはある。しかしそうした投資を行う運用会社も、その評価を受ける会社も、ESG評価に対して納得感を持っている会社はまだまだ少ない。その背景には「社会価値創造と会社の成長の因果関係」が不明瞭で、自社の「内発的動機にはたらきかけるものになっていない」ことが挙げられる。投資家のプレッシャーなど外発的動機によって「見た目」を整えたとしても、真に腹落ちしたものでなければ、会社の成長に結びつくことはないだろう。

ここまで紹介した会社の多くは、ＥＳＧの総合評価では必ずしも高い会社とはいえないが、本業における本気さから社会価値を創造しようとしている会社だ。鎌倉投信は、そうした会社への投資こそが、いい社会をつくる投資につながると考えて実践し続けている。

②お金を増やすだけではなく、「いい未来」をつくる投資

「社会をよくする投資」の２つ目の軸は、「いい未来をつくる投資」だ。一言でいえば、次の世代が暮らす未来がいまよりも良くなっていくことを後押しする投資だ。

そのためには、予見できる社会の流れや技術の進歩を見据えて、変わらなくてはならない社会課題をプラスに転換させる可能性を秘めた会社や、時代を超えて普遍的な価値を提供し続ける会社を応援し、増やす投資が大切になる。

成功する投資家は「予測しない」

「これから株式市場は、どうなるのか」

先行きが見通しにくい状況になると、投資家からしばしばこうした質問を受ける。

仮に、そこで僕が完璧な予想を示したとしよう。しかし、残念ながら、その質問をした方は、その答えを聞いて投資をしたとしても成功することはない。

なぜなら、投資で成功する人は、相場の先行きを予想して売り買いをしたり、頻繁に投資商品の入れ替えをしたりすることとは無縁だからである。投資で成功するカギを知る投資家は、市場動向の予測に賭けることはない。投資姿勢はこうだ。

1. 相場動向に左右されることなく、一貫している
2. 不安や楽観といった市場参加者の心理に流されることなく、自分の投資観（投資軸）を持っている
3. 市場動向に内包される基本的な法則や経済・社会の大きな流れを見る

これらは、前章で見た「8つのカギ」にも通ずる。

そもそも、経済・社会・地政学的なリスクや金融政策などが、グローバルかつ複雑に絡み合う時代は、株式市場の先行きを正確に予測することは、どんな専門家でも至難の業だ。複雑に絡み合う前提条件の1つが変わると、ただちに結果は異なるものになるからである。

では、経済、社会は大きくどのような方向に進むのだろうか。

未来は予測できないが予見できる

予測はできないが、予見できる未来はある。市場動向は予測できないものの、経済や社会がこれからどのような方向に向かうのかを予見することはある程度可能だ。

たとえば、世界中で新型コロナウイルスが猛威を振るいはじめた2020年5月、マイクロソフトのCEOサティア・ナデラ氏は、次のようなことを述べている。

「世界でデジタルトランスフォーメーション（DX）が加速している。コロナ終息後もコロナ前の世界には戻らない。世界の人々の思考が変わり、行動も変わってきた。2ヶ月で2年間分のデジタル変革が起きた。この状況を越えた後、世界中で大きくDXが進む」

感染症の拡大やスピード自体は誰にも予測不可能であったものの、時代を流れるこうした変化は、予見可能な未来といえるだろう。DXを含めた「技術革新」と「異なるものの融合がもたらす新たな価値創造」は、僕自身が、実際に仕事をしながら身近に感じている。これから数十年のうちに経済、社会を大きく変革する不可逆的な潮流であることは間違いない。その大きな流れが2つある。

①過小評価されてきた社会資本のバリューアップ
②技術革新がもたらす産業構造の変化

これらは同時に**日本の可能性でもあり、投資の新たな機会を創造する。**それぞれについて見ていきたい。

▼①過小評価されてきた社会資本のバリューアップ

経済のグローバル化によるさまざまなひずみと地球環境という制約条件下で、資本主義の形は「社会をいかによくするか」という社会価値創造型の資本主義に少しずつだが動きはじめている。

大量生産、大量消費を前提とした資本主義経済の仕組みのなかでは、どちらかというと過小評価されてきた社会資本や環境資本が再評価され、価値化される方向へと向かうと僕は予想している。たとえば、福祉という領域のなかにとどまってきた障がい者や、人口減少に直面する地域などから新たな経済循環が生まれたり、介護や少子化などの社会課題から価値を生み出したりするということだ。これは言ってみれば過小評価されてきた社会資本のバリューアップともいえる。

こうした動きは、資本主義経済の根底にある「いかにお金を増やすか」という世界のなかで分断されてきた、人と社会、人と自然や地球環境との関係性の再構築にも映る。それができるのも自らの存在価値を問い、いかに社会をよくするかという視点を持つ会社である。

▼②技術革新がもたらす産業構造の変化

一口に技術革新といっても、環境、エネルギー、バイオ、ナノテクノロジーなど、分野は多岐にわたる。僕は常に、イノベーションの影響力の大きさに注目している。

これまでの技術革新はどちらかといえば生産性、効率性を高める直線的な変化をもたらしてきた。昨今のＡＩやＩＴの進化は、応用範囲が非常に広く、多様な組み合わせが考えられるという点で、次元が異なる。一見するとまったく関係がないモノやサービス同士が融合して、そこから思いもよらない応用分野も生まれてくる。たとえば農業スタートアップは、いまやＩＴ企業といってもいいかもしれない。

その延長線にあるのが、技術から生み出される「提供価値の変化」である。たとえば、アップルが自動運転車を生産するという話は、幾度となく出ては消える。仮に実現するとなると、自動車は「移動手段そのものに価値がある」という話に留まらない。消費者からすれば、空間や移動時間のエンターテイメント性、ときには災害時の非常電源としての機能も担うだろう。製造メーカーからすれば、利用者から得られる多種多様なデータにこそ価値があることになる。

一見異なる事象を、いままでの延長線上で二項対立的にとらえるのではなく、共通項を発見し、矛盾を統合して高い次元に進めるところからイノベーションは生まれる。

僕は、こうした社会変革を生み出す努力をしている会社への投資が、「いい未来をつくる投資」につながると考えている。

未来を託《たく》したい会社

こうした動きはこれから10年~20年で加速し、日本の産業構造、社会構造は大きく変わる可能性が高い。いままで述べてきたさまざまな社会課題も技術革新によって解決する分野もひろがり、新たなビジネスも生まれてくるだろう。

一方で、こうした流れに乗って成長できる会社とそうでない会社とが明確に分かれる。投資する側としてもその見極めが重要になる。

新型コロナウイルスの感染拡大が幾分落ち着いたころ、さまざまな経営者との面談のなかで感じたことは、「コロナ禍以前の環境に戻ることを期待する会社」と「コロナ禍をきっかけに進化しようとする会社」に大別されることだった。

経済全体が順調に拡大しているときは、あまり力の差は出ないが、逆境下あるいは大きな時代変化において、その真価が現れる。

このことを含めて、未来を託したいと感じさせる「いい会社」のエピソード、経営者の言葉をいくつか紹介したい。

排出されたCO_2を光合成によってふたたび自然に還元する「バイオ燃料」の開発など、自然循環型のエネルギー供給に取り組んでいるのが、ユーグレナ（東京都・東証プライム上場）である。

▼ユーグレナ

ベンチャーでありながら十数年をかけてバイオ燃料の開発に挑戦し、2022年、ついに同社が製造・販売するバイオ燃料を使用したフライトが実現した。バイオ燃料を使用する旅客フライトは、世界では年間33万回あるといわれるが、日本ではまだ始まったばかりで、選択肢を広げる大きな一歩である。

同社は現在、世界有数のエネルギー企業2社と連携して、マレーシアで2025年の完成をめざして大規模な商業プラント建設に向けた共同プロジェクトを進行している。プラント建設が順調に進めば、バイオ燃料の製造能力は現在の2千倍以上となる。そうなると、バイオ燃料も低コスト化が実現し、事業としても利益を出せるようになるだろう。

驚くのは、このプラント建設は、売上高10兆円を超える世界有数のエネルギー企業との共同プロジェクトで、その建設費用は1350億円と巨額だ。同社の売上は、現状では500億円に満たない事業規模なので社内でも侃々諤々《けんけんがくがく》の議論があったことが想像される。

「いままでにない新たな事業や組織改革に挑戦しようとすると、社内からの批判も少なくないのではないか。それをどのように消化しているか」と僕が永田暁彦前CEOに問うと、彼は「ん〜」と少し天を仰ぎながらこのように答えた。

「すべてを背負うしかない。何かを決断すれば否定、批判は必ず出る。経営者として、それらのすべてを、自らの血とし、肉とするしかない」

その言葉から、ものすごい覚悟が伝わってきた。

バイオ燃料の商業化に向けた先行投資は大規模で、「一向に株価が上がらない」と批判を受けることも少なくないが、再生可能エネルギーの領域で頑張ってほしい会社の1つだ。

▼ユーシン精機

ユーシン精機は、1973年創業で、プラスチック射出成形品の高速取出ロボットを製造している。同社の製品は、直接僕らの目に触れる機会は少ないが、携帯電話やパソコン、自動車などに内蔵されているプラスチック製品やペットボトルなど僕たちの生活に欠かすことのできない必需品を製造する過程でその技術が活かされている。

この分野で世界トップのシェアを持つグローバルニッチな会社で、創業以来一度も赤字になったことはない無借金経営を続けている。

ユーシン精機は、お客様の要望に基づいていろんなロボットを製造・販売する研究開発型の会社である。そこで、創業当時から変わらずに受け継がれている研究開発の思想がある。それは、「お客様から課題を与えられたときに、少なくとも7つ以上の解決策を考えよ」という思想である。1つ、2つ、3つ、4つであれば同業他社もやるかもしれない。それを乗り越えて、5つ、6つ、7つと考え考え考え抜いて最高のものを提案する。これがユーシン精機の約束の守り方のレベルである。

そうした精神を受け継ぐ小谷高代社長に「なぜグローバルニッチな地位を築けたのか」と質問をしたことがある。

この問いに小谷社長はこのように答えた。

「技術を目的にしてはならない。技術はあくまで手段である。価値あるものを提供するための技術があって初めてお客様に喜んでもらうことができ、ひいては社会に喜んでもらうことができる。10年、15年、問題を起こすことなくお客様に使い続けてもらうための品質管理、アフターメンテナンスまでを含めた総合力で信頼を得ていることが大切だ」

技術への自己満足ではダメで、技術を用いて「お客様の期待にいかに応えるか」という日々の努力こそが、世界オンリーワンの地位に至る唯一の道であることを感じた。

以前、小谷前会長と面談を終えて本社の外を歩いていると、前会長が息を切らしながら駆け寄ってきてこう話した。

「言い忘れたことがありました。当社の社員は、本当に真面目なんです」

そのことをわざわざ伝えにきた小谷前会長こそ、嘘偽りのないまじめな経営者なのだということがよく伝わってきた。

投資は未来のためにある

「この子が成人したら『結い２１０１』をプレゼントします。そのとき、『いい会社』が増えて『いい社会』になっていることを願っています！」

あるとき、お子さんが生まれたばかりの母親が、子どもの名義で「結い２１０１」にお金を預けてくれた。投資を通じて、よりよい社会と未来をつくる考え方に共感してくれたのだ。

終活《しゅうかつ》をひかえて「結い２１０１」を換金しようと考えていた男性が、僕を訪ねてくれたこともあった。久しぶりに僕の話を聞いた男性は、帰り際にこう話してくれた。

「換金しようと思っていたが、やめました。子どもに引き継がせます」

またあるとき、僕が個人的に参加している勉強会に、大学1年になる学生が参加していた。その学生と初めて会ったのは10年も前。元世界銀行副総裁の西水美恵子《にしみずみえこ》さんの講演「本物のリーダーシップとは何か」だった。彼はあどけない小学生で、彼の親が鎌倉投信のお客様だったのだ。

講演のあと、僕が少年を西水さんに紹介すると、西水さんは少年の手をぎゅっと握り、真剣なまなざしでこう言った。

「あんたが世界を変えるんやで」

そのたった一言が、少年の心に深く響いたのだそうだ。その日から10年の月日が経ち、大学生になった彼は、いまでもその言葉を忘れることなく心に刻んでいた。大学ではソーシャルデザインを専攻し、社会をよくしていこうと勉強している。

10年経っても色あせることのない言葉を、出会った瞬間に発することができる西水さんも、それをしっかりと受けとり、生きる力に変えたかつての少年にも、僕は感激した。

この人生を決定づける言葉は、投資を通じた出会いの一コマである。「未来をつくる投資」を10年経って実感した。

③お金を増やすだけではなく、「自分の成長」につながる投資

「いい会社」への投資、「いい未来」をつくる投資と見てきた。最後に言及したい「社会をよくする投資」は、「自分の成長」につながる投資だ。

経営者に会う

僕が経営する鎌倉投信では、運用報告の一環として、投資先のいい会社とお客様をつなぐ「場」を設けている。たとえば、投資先の経営者や社員にお客様の前で講演してもらったり、お客様と一緒に投資先を訪問する機会も多い。そのなかで、最も大きな取り組みが「受益者総会」である。年に一度、お客様、投資する会社が千人規模で集まる「場」である。

金融商品は、着るものや食べるものと違って、すべてが数字で表現されるので、なかなか手触り感を持つことができない。そこで、鎌倉投信は、お客様の大切なお金が、どういう考えで、どういう会社に投資され、その会社がどのような取り組みをすることで社会がよくなり、会社の価値が高まるのか、そしてリターンとして循環しているか、そのつながりを実感してほしいと思っている。受益者総会とは、「結い２１０１」の決算報告会に留まらず、そのための場でもある。

「ユーグレナ社の売上が10倍になれば、社会が10倍よくなることを確信している」

同社永田前ＣＥＯがある総会で語った言葉に象徴されるとおり、登壇した各社の食や地球環境に関わる社会課題の解決に向けた各社の取り組みは本気、本物である。

そうした取り組みを初めて知る参加者も多かったことだろう。各社の真剣な取り組みを初めて知り、感銘を受けたという声が多数聞かれた。

投資とは、お金を増やすための手段だが、それと同時に、多くのことを学び、知り、出会いを生む機会でもある。真剣に社会をよくしようと全力で向き合う経営者や社員の存在を知ることも、貴重な経験になる。

▼すべてはたった一人の思いから

僕は、受益者総会などで投資先の経営者に話をしてもらう際、株価とか業績とか数字の話をすることは一切お願いしていない。お客様に何を伝えてほしいかといえば、「そもそも自分たちの会社は、誰のために、何のために存在するのか」といった思いの原点、それぞれの会社が持つビジョンやミッション、またそれらを通じてこれからどんな社会をつくっていきたいのか、という世界観を伝えてほしいのである。自分の思いを、自分の言葉で伝えてほしいと思っている。

会社にとって、株式価値、財務価値も大事だが、それ以上に大事なものがある。それは、社会における存在価値だ。登壇する経営者には、その社会における存在価値をしっかりとお客様に伝えてほしいのだ。それがお客様の心に届けば、そこから信頼に根ざした投資が生まれる。

株価は、日々上がったり下がったりする。しかし、会社の社会における存在価値は、日々変動するものではない。いい会社が社会に必要とされれば、自然と売上や利益は伸び、長期的に見れば株価もそれに沿って値上がりするだろう。それが投資家のリターンにつながるのである。

また、社会をよくしようと真剣に向き合う人の姿から、お客様に感じてほしいことがある。それは、あらゆる事業も、あらゆる社会変革も**「すべてはたった一人の思いから始まる」**ということである。「思いが形を成す」ということである。

登壇してもらう経営者はいまでこそそれなりに有名な経営者になっているが、初めからそうだったわけではない。お金も、知名度も、実績も、経営の能力もない、普通の人に過ぎなかった。あったのは、何かを成したい強い気持ち、諦めない心、ひたむきな姿勢、ではないだろうか。そこから少しずつ築き上げて、ようやく人前で話せるようになったにすぎない。話を聞いているお客様ともともと大きな違いはないのだ。

お客様がそのことを感じたとき、お客様の心の中にも小さな変化が生まれる。小さな一歩を踏み出す人が現れはじめるのだ。たとえば、お金の遣い方を少し考えてみる人、何か大事なときには、投資先の会社がつくる思いのこもった商品を買って大切な人にプレゼントしてみる、寄付をしたりボランティアをはじめる人もいる。自分の人生を考え直し、転職をする人もいる。お客様同士で結婚した人もいる。すべては投資がきっかけである。

転職もインターンも投資先へ

投資を通じて自分の人生を考え直し、マザーハウス（東京都・非上場）に転職したIさんがいる。Iさんは、もともと損保会社に勤めていたが、2016年の受益者総会でマザーハウスの山口社長の話を聞き、心揺さぶられた。それまでの経歴からはまったく畑違いだったマザーハウスに転職したのだ。当時30代半ばだったと思う。

鎌倉投信の投資信託を買ったことがきっかけで、人生を変えた人の先行きはやはり気になる。ときどき、アポイントなしでIさんが勤務するお店を訪ねることがある。すると、当時ファッションにあまり気を使っていなかったIさんは、すっかりあか抜けしてセンスのいい衣装を身にまとい、いつもさわやかな笑顔で迎えてくれる。そして、いつものようにこう言うのだ。

「本当によく来てくれました。いま、僕の人生は、とても充実しています。あのとき、受益者総会でマザーハウスの山口社長の話を聞いたからこそ、いまがあります。出会いに本当に感謝しています」

こみ上げてくる涙を我慢するのが精いっぱいだ。


このように自分を見つめ直して、新たな人生を歩み直す人は少なくない。投資で出会った会社に転職したり、お子様がインターンで学びに行ったり、就職活動で面接に行ったという話はいろんなところで聞く。

こういう姿を見ると思うことがある。「投資の本質は、出会いを生むことである」ということだ。


そして最高の出会いとは、「いまだ気づいていない自分自身との出会い」なのではないだろうか。

自分はこんなことが好きだったんだ、こんな会社に共感するんだ、こんな商品やサービスを本当は買いたかったんだ、などいろんなことを感じるきっかけにもなる。それがその人の人生を成長させることにもつながる。

投資はお金を増やす手段だが、それは目的ではない。人生や社会を豊かにすることが、投資の目的なのだと思う。投資が持つ出会いを生む力は、おそらくあなたが思う以上に大きい。

「小さな投資」が社会を変える

投資の世界を長く見るなかで感じていることがある。それは、大手金融資本や年金基金が動かす上からの大きな投資によって真の意味で社会が変わることはないということだ。こうした投資家にとっていちばん大事なことは、利回りを上げ、会社の年度末決算や年金財政再計算のときにいかにいい数字を残すかにあるからだ。むしろ、そうした定量的な結果目標や投資の期間に縛られることのない、一人ひとりの意思ある小さな投資が増えていくことの方が社会をよくする力になる。

少額からの投資をきっかけに、自分の人生や社会に対して、主体的に向き合う人が増えることにも意味がある。その数が、一人から、何万人、何十万人、何百万人となったとき、少しずつ、しかし大局的に見たら大きく、いい未来をつくりたいと願う一人ひとりの小さな意識を乗せたお金の流れが社会を動かす力になる。僕は、そうした一《いっ》燈照隅《とうしょうぐう》の投資こそが社会を良くする力になると信じる者の一人である。

スタートアップから１００年企業まで

鎌倉投信が日本株にしか投資しない理由

ただお金を増やすことを目的とした投資を行いたいのであれば、経済成長力の高い国や会社に投資をするのが原則だろう。しかし、鎌倉投信は、いまは日本の会社にしか投資をしていない。

その理由は、日本のポテンシャルを感じているからである。さらには、日本を豊かな国にしていきたいと強く願っているからだ。

それは、もちろんリターンを犠牲にすることではない。

本章で見てきたように、日本の「いい会社」のなかには、日本のなかで新たな事業領域を創造したり、これから世界に展開できる会社は多い。鎌倉投信の周辺にいる世界への事業展開を視野にいれている若き起業家たちのこれからの成長も楽しみだ。

それと同時に日本は、少子化や高齢化、医療や介護、教育、自然災害、エネルギー問題などさまざまな社会課題を抱えている。**直面する社会的な課題をどのように克服し、持続的な社会をいかに再構築するかは、世界最先端の挑戦であり、会社にとっては新たな事業領域の広がりを生む可能性を意味する。**それは同時に経済的なリターンを生む機会でもある。

つまり日本株への投資に、社会へのインパクトと経済的リターン両方への「ポテンシャル」を見ているのだ。

「社会をよくする」スタートアップ投資

鎌倉投信は、創業当時から、「いい会社」は、上場、非上場関係なく投資をし、応援したいという思いを持ってきた。満期のない公募投信でそれを行うことができれば理想的なのだが、制度上、毎日の時価評価やお客様のお金が日々出入りするたびに、投資する有価証券を購入したり現金化したりすることが求められ、市場で売り買いができない非上場会社への投資は事実上困難だ。

そのことから、２０２１年3月、スタートアップ投資専用の新たなファンドをつくった。こちらは、リスクも高いことから個人向けではなく、プロといわれる金融機関や上場会社などの特定投資家を対象とする私募型の有限責任投資事業組合（いわゆるベンチャーキャピタルファンド）「創発の莟《つぼみ》」である。名前の通り、これからの社会を創発に導くスタートアップを支援するファンドで、現在18社に投資している（図30）。

図30.「創発の蕾《つぼみ》」で掲げる社会課題領域と投資先

	投資領域	課題（例）	投資先
1	経済	所得格差、貧困、途上国支援、ブラック企業問題、タックスヘイブン、インフラ老朽化、大量生産・大量消費、雇用、イノベーション不足、低成長	コアネクサス（研究人材の活用） フツパー（AI 活用によるものづくり支援）
2	医療	介護問題、老老介護、医療格差、早期検査推進、セーフティネット問題、生活習慣病、薬物依存、公衆衛生	デジリハ（障がい者医療・リハビリの DX） エーテンラボ（地域医療 DX）
3	生活・地域	晩婚化、未婚化、高齢社会、世界人口増加、国内人口減少、移民受入れ、地域消滅、病児保育、NPO 支援、被災地支援、ボランティア活動、公共政策、食	ユニファ（保育 DX） キッチハイク（保育園留学による地域活性）
4	人権	虐待・暴力、ダイバーシティ、ハラスメント、マイノリティ、障がい者雇用、片親支援、ホームレス、LGBT、売春・援助交際、人身売買、先住民保護	ヘラルボニー（障がい者の活躍支援） VALTJAPAN（障がい者の活躍支援）
5	教育	待機児童、学級崩壊、途上国女子教育、識字率問題、ニート問題、子育て・育児、社会人・リカレント	スクー（社会人教育 DX） トラーナ（子育て・知育支援） SOZOW（不登校児童教育・メタバース） エデュフューチャー（非認知能力可視化・クラスマネジメント）
6	環境	自然破壊、ヒートアイランド、ゴミ問題、放射能問題、生物多様性、地球温暖化、気候変動、異常気象、CO_2 排出	バイオーム（生物多様性）
7	資源	電力自由化、レアメタル、資源の枯渇、原子力、自然エネルギー、紛争鉱物、水問題	エコミット（資源循環）
8	労働	長時間労働、女性活躍推進、過労死、ワークライフバランス、女性リーダー育成、非正規雇用、強制労働・児童労働、ワーキングプア、労働安全衛生	tane CREATIVE (Web 開発・保守) BPO テクノロジー（女性活用推進）
9	文化	文化財保護、スポーツ支援、伝統文化継承、日本文化発信、伝統後継者不足	WAmazing（インバウンド地方創生）
10	安全	防災・減災、個人情報保護、低年齢犯罪、性犯罪、詐欺、自然災害、戦争、ネットセキュリティ	アジラ（行動 AI 防犯システム）

2024年3月末時点

▼ヘラルボニーの市場創出

２０２０年夏、東京オリンピック・パラリンピックが開催された。どうしてもオリンピックが注目されがちだが、ハンディキャップを持つアスリートたちが全力を尽くし、多くの人に感動を与える姿を見ていると、ハンディキャップは個性であり、才能であることを感じさせる。

東京パラリンピックの閉会式のフィナーレでは、東日本大震災で被災した東北3県で活躍する障がい者アーティストが描く個性的で多彩な絵をモチーフにしたプロジェクションマッピングが会場を彩った。そこに込められたメッセージは、東京オリンピック・パラリンピックの理念である「復興」、そして「多様性や違いを認め合う調和」だ。

閉会式フィナーレで会場を魅了した障がい者アートを提供した会社は、「知的障がいのある作家と、『支援』ではない対等なビジネス関係を築き、世界を隔てる先入観や常識をなくす」ことをめざすスタートアップ、ヘラルボニー（岩手県・非上場）である。

共同代表の松田崇弥《たかや》・文登《ふみと》兄弟の言葉「普通じゃない、ということ。それは同時に、可能性だと思う」は、いつも心に響く。

知的障がいのある作家が描く絵には、誰にもまねすることができない強烈な個性がある。ブラシマーカーを用いてさまざまな形や色彩を緻密に描く作家、ひたすら丸を描き続ける作家、幾何学模様の独特な画風で建築画を描く作家、数字や文字をつなぎ合わせた造形表現が得意な作家など、その画風は個性的で力にあふれている。

原画だけではなく、アートはファッションやインテリアなどとも相性がよい。ヘラルボニーは、こうした作家や作家が所属する施設と契約をし、自社ブランドで商品をつくって販売したり、アート作品をライセンス提供するなどして事業を展開している。

こうした商品が売れれば売れるほど、将来にわたって障がいを持つ作家や施設にロイヤリティー収入が入る。**ヘラルボニーは事業を通じ、福祉のなかで生きるしか選択肢のなかった障がい者に、資本主義経済のど真ん中で活躍できる舞台を提供し、新たな経済市場を生み出した。**同社は、現在、世界展開も視野にいれＩＰＯ（上場）をめざしている。

ヘラルボニーは、鎌倉投信がスタートアップ支援のファンド「創発の莟《つぼみ》」を通じて初めてリード投資家（同時期の出資に際し、複数の投資家をまとめる役割を担う投資家）として出資し、ＩＰＯに向けて伴走・支援を行っている。

多産多死モデルのスタートアップ投資を変える

スタートアップ投資は、鎌倉投信にとっては新たな事業領域である。しかし、この領域の投資会社には、「上場後」の世界を知る運用者や社会的視点を持った運用者、さらには上場会社やさまざまな地域などと多様なネットワークを有する運用者は意外と少ない。鎌倉投信は、そうした意味でこれらを満たした珍しい存在だ。

またスタートアップに投資をする投資家は、エンジェル投資家を除くと、いずれどこかで売却をしなくてはならない。ファンドを組成する場合は、概ね10年前後の投資期間が設けられており、多くの場合、その期間に上場して株式を公開することが期待されている。その結果、いかなる環境においても数字を上げることが求められ、100社のうち数社上場できればいいほうで、残りは消えていくという「多産多死の投資モデル」になっている。

この構造は、いずれ変わっていかなくてはならない。M&Aはもとより、事業が軌道に乗ってきた後に自社で株式の買戻しをしたり、ファンコミュニティなどへの株式譲渡などを含めた、**「IPOのみを目的としない」多様な投資スタイルが求められる。**

地域創生という視点では、地方の伝統企業の経営人材の不足をどのように解消していくか、受け継がれてきた産業を新たな技術や市場とどのように融合させていくかといった視座も求められる。この15年の取り組みのなかで鎌倉投信が培ってきた、さまざまな会社や人との関係性が、ここでも生かされると感じている。

「創発の蕾《つぼみ》」から投資をすることで「いい会社」が増え、将来、そうした会社から上場する会社が出た暁《あかつき》には、満期のない「結い２１０１」からも応援できる可能性が出てくる。１つの運用会社のなかで、社員数人のスタートアップから１００年を超えて続く上場会社までを一気通貫で支援する枠組みができた。

さらに、「結い２１０１」から投資をするマザーハウスの山崎大祐《やまざきだいすけ》副社長とともに起業家を育成するプログラム（Social Co-Creation Capital Platform）を立ち上げ、起業家の育成にも取り組みはじめた。法人顧客の社員向けに、金融教育プログラムも行っている。

僕たちは投資家、いい会社、地域金融機関や自治体、大学、非営利団体との関係のなかで、互いの力を持ち寄って「社会と未来をよくする金融」のありかたを模索し続けている。

投資信託についても、新たなファンドの組成に向けて検討をはじめた。

鎌倉投信自身は小さいままの運用会社かもしれない。しかし僕たちの強みは、投資家や投資先など、さまざまなプレーヤーとともに、社会や未来をよくすることにある。社会の可能性を広げる運用会社として、世界からも一目おかれる存在になれるよう頑張りたい。

最終章

投資の先にどんな「10年後」を描くか

資本主義は適量生産・適量消費へシフトできるか

2022年、米国の日本銀行にあたる連邦準備制度理事会（FRB）議長を務めたベン・バーナンキ氏ら3人がノーベル経済学賞に選ばれた。同氏の受賞は、1930年代の世界恐慌の研究から、銀行の経営破綻がいかに金融危機を深刻化させるかなどの分析が評価されたものである。

バーナンキ氏は、FRB議長在任中に起きた2008年のリーマンショックの際、この研究をもとに、事実上のゼロ金利政策の導入、米国債や住宅ローン担保証券をFRBが買いとるなど、市場に大量のマネーを供給する量的緩和策を実施することで金融・経済危機を回避した。

僕もこのときは鎌倉投信を立ち上げる直前で、金融機関の経営破綻の連鎖が起きるのではないかと、固唾《かたず》を呑んで日々報じられる金融市場の動向を見守っていた。そうした状況のなかで、世界の金融システムの崩壊を回避した同氏の功績はたしかに大きい。

しかし、このことは、経済や金融市場の規模が大きくなればなるほど、グローバル経済の相互依存性が高まれば高まるほど、金融・財政政策の規模は不可逆的にふくらみ、政策判断の難易度は高まることの裏返しとも読める。

経済と金融が密接に関わり、双方を拡大させ続けることを前提として成り立つ資本主義。そのしわ寄せとして、「もし○○ショックが起きても金融政策が下支えする」といったような金融政策への過度な依存、もしくは、もはやそうせざるを得ない状況に陥っているようにも映るのだ。

こうした構造的なジレンマはどのように転換できるのだろうか。投資を通じて社会のためにできることはあるだろうか。これが本書のテーマでもあった。

僕たちの仕事や暮らしは、いまやグローバルに拡大した経済と金融市場で繰り広げられる、自由競争と市場取引の上に成り立っている。市場取引を通じた「自由」な競争は、イノベーションを喚起し、経済の成長力を高め、私たちの暮らしはより便利になり、物質的にも金銭的にも豊かになる。

気になるのは「自由」とは何かという点である。一人の人間に対しても同じことがいえるが、自由には常に責任が伴う。いかに経済を成長させてお金を増やすかという「自由」のなかには、同時に、いかに社会、自然や環境に負荷をかけずに調和させていくかという「責任」が含まれる。

しかし、その「自由」が自分の利益だけを求める私利私欲になったとき、リーマンショックを含めたさまざまな問題が起きる。本来、金融市場が引き起こす経済的、社会的混乱などないに越したことはない。功労者であるバーナンキ氏には申し訳ないが、彼がノーベル経済学賞を「受賞する必要のない」世界の方が望ましいのだ。

自由な経済活動や自由な金融取引の暴走を防ぐものがあるとすれば、それは、「市場のルール（規制）」と「モラル」の2つだ。社会と経済をつなぐ役割を担う金融や投資家も、単にお金を増やすことだけを考えるのではなく、その一翼《いちよく》を多少でも担わなくてはならないのではないだろうか。

グローバルな資本主義経済は、どうしても生産・取引・消費を拡大させていこうとするインセンティブがはたらく。そうした動きと密接に関係する金融や投資も自《おの》ずとその動きに同調する。いままで、地球環境や社会的調和がそれを許容できる時代においては、実現可能だったのかもしれない。

しかし、とりわけ地球環境をプラスに回復させるという制約条件下で経済活動を最適化するためには、大量生産―大量消費を前提とした拡大再生産型の経済システムから、**適量生産―適量消費**を前提とした循環型経済へとシフトしていかなくてはならない。

その中心となるのが、地球環境や社会を本気でよくしようと努力する「会社」であり、**それを後押しするかどうかは投資家の選択にかかっている。**

一人ひとりの「イエス」で社会は変わる

2022年、環境に徹底的に配慮したアウトドア用品の製造・販売などを通じて「故郷である地球を救うためにビジネスを営む」米パタゴニア（カリフォルニア・非上場）の創業者イボン・シュイナード氏が、同社の発行済株式のすべてを環境NPOなどに寄付したことがリリースされた。

「地球が僕たちの唯一の株主」と題された同氏のメッセージから、パタゴニアの地球環境を守ることへの思いと決意がひしひしと伝わる。一人の登山家が、世界中で温暖化や環境破壊が広がるのを目の当たりにして、ビジネスを通じて人の意識と行動を変えようと会社を興《おこ》し、人類の故郷である地球を救う取り組みを、半世紀にわたって世界中に広げてきた。

環境にインパクトのある事業を、経済性を確保しながら長年続けてきたこともさることながら、「こうあるべき」という価値観を押し付けることなく、人や会社、社会を動かし、その輪を広げ続けていることに感服している。

僕もパタゴニアユーザーの一人だが、消費（買い物）は、これからの社会づくりに向けた選択、いわば投票行動の1つだと思っている。

投票行動という意味では、自分のお金を増やすための投資も同じだ。投資と会社は経済を動かす両輪であり、その経済が社会を形づくるからだ。**極端にいえば、どうい**

う社会をつくるかは投資家にかかっているといってもいい。

なぜなら、いくら起業家が「やりたい」と言っても、投資家である株主がイエスと言わなければ、ものごとは前に進まないからだ。そして逆も真なりだ。起業家がやりたくないことを、株主である投資家は要求することもできるため、この関係性は諸刃《もろは》の剣《つるぎ》にもなる。

意識している、いないにかかわらず、投資をするということは、単にお金を増やすことに留まらない意味を持つ。

株式市場で株式に投資したり、投資信託を購入することが、世の中に影響を与えているなんて、考える人は多くない。みんな、日々の生活で忙しくてそんなことまで考えられない。だからこそ、僕は筆をとることにした。

たしかに、お金そのものに「直接」社会をよくする力はない。しかしお金は、使いかたによって社会をよりよくする力を持つ。一人ひとりのお金が、会社を動かし、会社が動けば経済が動き、社会が動く。会社は、商品やサービスを買ってくれる人の消費行動を通じて社会を動かす。その両者が互いに影響し合って社会や未来を形づくる。

個人投資家は、微力だと思うかもしれないが、いい社会、いい未来をつくることとけっして無縁ではない。社会と未来をつくる当事者なのだ。

15年、そうやって投資信託を運用してきたし、鎌倉投信を経営してきた。

若者たちの視線の先

将来を担う学生、若者は、投資からどのような世界を見ているだろうか。もちろん、漠然とした不安を感じて投資に取り組む人が多数いることは承知している。一方でその真反対にいる、明確な意思を持つ学生や若者が増えていることも事実だ。

昨年、あるイベントで中学1年になる学生が、「投資について勉強したい」と僕に声をかけてきた。聞くと、将来起業を考えていて、投資について学びたいのだという。

実際に、「結い２１０１」に投資をする個人投資家のなかには、大学生はもちろん、高校生や中学生もいる。将来の学資のために、親が子どもの名義で積立投資をする家庭もあるが、自分の意思で投資をする学生も珍しくない。

「結い２１０１」の最低投資金額は１万円、積立投資であれば月５千円から投資できる。そのため、アルバイトで貯めたお金やお年玉で購入することはそれほど難しいことではない。「結い２１０１」に投資をすれば、普段会うことのできない経営者の話を直接会って聞くチャンスもある。そのため時折、親と一緒に鎌倉投信のイベントに参加して、投資先の経営者の話を真剣なまなざしで聞く学生を目にする。

こうした学生投資家は、投資を通じてどのような世界を見ているのだろうか。将来、莫大な資産を手にした自分の姿ではないだろう。将来、自分は何をやりたいのか、どんな仕事に就いて社会に貢献するか、つまり自分の未来の姿ではないだろうか。

最近はそうした学生起業家と会う機会も増えた。

たとえば、友人がうつ病になったことをきっかけに、心の健康状態を保つメンタルケアのアプリを開発して民間会社に提供する学生起業家や、健全な民主化をめざし、住民の合意形成プラットフォームを自治体向けに提供する学生起業家など、例を挙げればきりがない。若い起業家たちは、事業を通じて社会を良くすることしか眼中にないと言っても過言ではない。

さまざまな社会課題を解決するアイデアや事業プラン、誰からどのようにして投資家のお金を集めるかなど堂々と話す学生を見ると、日本の可能性を感じずにはいられない。

第2章で、あなたが友人の会社に出資をした例のように、あなたが実際にいる起業家が立ち上げた会社に投資をしたとしよう。それは、あなたもいい社会、いい未来をつくることに共感をして、会社という同じ船に乗ったことを意味する。

株式市場を通じて上場会社の株式に投資をするのも、これからの社会や未来をつくる会社にお金を託すという意味においては同じことだ。そう考えると、投資とは、投資する会社と同じ船に乗り、投資している会社が描く社会や未来を、あなた自身も描いているといえよう。

その未来は、あなた自身や身近にいる大事な人が共感する世界だろうか。そこが大事なポイントだ。

投資にも「個性」があっていい

僕は、投資を通じて、目の前にいる一人でも多くの人に喜びと幸せを実感してもらいたいと思って仕事をしてきた。それだけに、「こんな投資商品に出会えてよかった」「こんな投資もあるんだ」、と感じてもらえたときは、何にもまして嬉しさが込み上げてくる。

投資から見る景色は、自分が気に入った服を身にまとうように、百人百通りである。お金を増やすことは手段であって目的ではない。目的は人それぞれに異なる。自分の生き方に合った投資、自分らしい投資に出会った人たちは素敵だと思う。

投資商品は、お金が増えた、減った、というようにすべてが数字で表現される。しかし、**投資の先には、人の営み、会社の営み、社会の営み、さらには未来が必ずある。**誰かが何かに取り組む真剣な眼差し、思い、ぬくもりがある。

もちろんお金を託された運用者も必死に投資家の期待に応えようと頑張っている。それだけに、投資商品にも、食べ物や着る物と同じように、そんな味わいや手触り感が伝わったらいいのに、といつも感じる。

投資にも多様性や個性があっていい。なぜなら、投資は本来お金を増やすだけではなく、多くのつながりを生み、いい社会、いい未来をつくり、心の豊かさを育むものでもあるのだから。世の中にそうしたことが実感できる投資商品が増えることを願っている。

おわりに

東日本大震災をきっかけに株価が急落したときの、お客様からの投資とメッセージは、自分にとっては忘れがたい光景になった。投資先を信じて応援しようとする思い、信頼でつながるお金の強さを感じ、涙があふれ出た。**「信じることこそが貨幣の本質」**なのだと確信した瞬間だった。

このときに預かったお客様からのお金は、祈りともいえるお金だった。僕は、お金は命と同じだと考えている。なぜなら限りある命の貴重な時間を使って得たお金は、時間、すなわち命と一体にあるものだからである。その命ともいえるお金は絶対におろそかにはできない。

もちろん預かったお金を増やしてお返しすることが鎌倉投信のいちばんの役割であることは間違いない。そのうえで、投資を通じて、あらゆるものとの調和の上に発展する社会や未来、さらにその先には平和な世界のために貢献しようと強く感じた。大震災直後だったこともあり、それ以来、僕は、「金融を通じて平和への祈りを捧げる」ことを投資の仕事の根本精神に据《す》えている。

受益者総会や講演会などで、お客様が投資先の経営者の話を聴いたことで、自分の人生に真正面から向き合い、社会に対して小さな一歩を踏み出す人の姿も数多く見てきた。こうした投資家の姿を見るとき、投資には、人の心を変える力があるのだと心が震える。

志を持つことと、肚《はら》を決めることとでは次元がまったく異なる。

会社の経営は苦しかったが、こうしたことを目の当たりにしたとき、「とにかくいまこの瞬間に全力を尽くし、自分の使命としてこの事業をやり抜こう」と肚をくくった。

よく、自分の人生の役割や使命は何か、を探し回る人がいる。しかし、探し回って見つかるものではない。**自分の人生における役割は、いま、この目の前のことに全力で向き合ったとき、そして自分の心の準備が整ったとき、手のひらに降りてくる。**それをそっと握りしめた瞬間が自分の人生の役割を自覚するときだと、僕は思う。鎌倉投信を立ち上げて数年の苦しみのなかから、僕はそのことを実感した。

いま僕は、鎌倉投信の事業を通じて、投資家の資産形成とよりよい社会づくりの両立をめざし、生き甲斐《がい》、やり甲斐を感じながら仕事をしている。それができるのも、ともにこの事業を支えてくれるかけがえのない仲間がいるからだ。日頃から鎌倉投信を支えてくれている株主、投資家であるお客様、投資先、取引先のすべての方々のおかげでもある。この場を借りて感謝をしたい。経営者として未熟な僕を、いつも温かく指導してくださる経営の大先輩方には感謝してもしきれない。

何年か前、実家に暮らす母から電話がかかってきた。なけなしのお金で投資をしていた「結い２１０１」を半分換金したいのだという。生活に困っているのかと思ったらそうではなかった。

「人生最後のおつとめ」として、長く実家にまつられていた仏壇を修繕したいのだという。新しい仏壇を買った方が安いのに、母はそれをしなかった。

「１５０年もの間、親族がこの仏壇の前で手を合わせ、先祖に感謝し、子々孫々の繁栄を願ってきた。職人さんの命も息づいている。だからこの仏壇を大事にしたい。これが人生最期の奉公。悔いを残さずにあの世にいける」

「開眼供養」を行ったとき、母はこう話をして喜んでいた。死生観がにじみ出るこの言葉に込められたものは、「感謝と畏敬《いけい》」だった。誰よりも人を思い、人に尽くしてきた母の言葉は心に沁みた。

母にとって「結い２１０１」にお金を託すことは、生涯を通じて最初で最後の投資だったに違いない。「結い２１０１」への投資で増えたお金を、このように使ってもらえたことが何より嬉しい。「結い２１０１」の投資のリターンは、こうして世代を超えて受け継がれることになる。

最後に、この本の出版の機会をいただき、根気強く伴走してくれたNewsPicksパブリッシングの井上慎平編集長、的場さん、関係者の皆様、原稿の締め切りが迫るなかで仕事をバックアップしてくれた社員に心から感謝したい。

これから投資をする人も、これまで投資をしてきた人も、「社会をよくする投資」に少し興味を持ってもらえていたら嬉しい。その橋渡しとして鎌倉投信のホームページものぞいてもらえたらありがたい。

この本を手にとってくれた皆様が、投資を通じて、いい人生を歩むことを願っている。

鎌田恭幸

著者紹介

鎌田　恭幸（かまた　やすゆき）

鎌倉投信株式会社　代表取締役社長

1965年島根生まれ。

35年にわたり年金などの資産運用に携わる。

大学卒業後、三井信託銀行（現：三井住友信託銀行）に入行。

バークレイズ・グローバル・インベスターズ信託銀行（現：ブラックロック・ジャパン）にて副社長を務める。

2008年11月に鎌倉投信株式会社を設立し、代表取締役社長に就任。


2010年、主として上場企業の株式を投資対象とした公募型の投資信託「結い2101（ゆいにいいちぜろいち）」の運用・販売を開始。2021年、これからの社会を創発する可能性を秘めたスタートアップを支援する私募型の有限責任投資事業組合「創発の莟《つぼみ》」の運用・販売を開始。

独自の視点で「いい会社」に投資し、その発展・成長を応援することを通じて「投資家の資産形成と社会の持続的発展の実現」をめざしている。

ブックデザイン ...... 小口翔平＋青山風音＋神田つぐみ（tobufune）
イラスト .... HAL Horii
DTP .... 朝日メディアインターナショナル
校正 .... 鷗来堂
営業 .... 岡元小夜・鈴木ちほ
進行管理 .... 小森谷聖子
編集 .... 的場優季

社会をよくする投資入門

経済的リターンと社会的インパクトの両立

2024年5月27日　第1刷発行

著　者　　鎌田恭幸

発行者　　金泉俊輔

発行所　　ニューズピックス（運営会社：株式会社ユーザベース）
〒100-0005 東京都千代田区丸の内2-5-2 三菱ビル
電話　03-4356-8988
FAX　03-6362-0600
※電話でのご注文はお受けしておりません。
FAXあるいは下記のサイトよりお願いいたします。
https://publishing.newspicks.com/

印刷・製本　シナノ書籍印刷株式会社

ISBN 978-4-910063-36-2
本書に関するお問い合わせは下記までお願いいたします。
np.publishing@newspicks.com

希望を灯そう。

NEWS PICKS PUBLISHING

「失われた30年」に、
失われたのは希望でした。

今の暮らしは、悪くない。
ただもう、未来に期待はできない。
そんなうっすらとした無力感が、私たちを覆っています。

なぜか。
前の時代に生まれたシステムや価値観を、今も捨てられずに握りしめているからです。

こんな時代に立ち上がる出版社として、私たちがすべきこと。
それは「既存のシステムの中で勝ち抜くノウハウ」を発信することではありません。
錆《さ》びついたシステムは手放して、新たなシステムを試行する。
限られた椅子を奪い合うのではなく、新たな椅子を作り出す。
そんな姿勢で現実に立ち向かう人たちの言葉を私たちは「希望」と呼び、
その発信源となることをここに宣言します。

もっともらしい分析も、他人事のような評論も、もう聞き飽きました。
この困難な時代に、したたかに希望を実現していくことこそ、最高の娯楽《エンタメ》です。
私たちはそう考える著者や読者のハブとなり、時代にうねりを生み出していきます。

希望の灯を掲げましょう。
1冊の本がその種火となったなら、これほど嬉しいことはありません。

令和元年
NewsPicksパブリッシング 編集長
井上 慎平